便利さはほどほどで

コンビニ断ち 脱スマホ

黒沢大陸

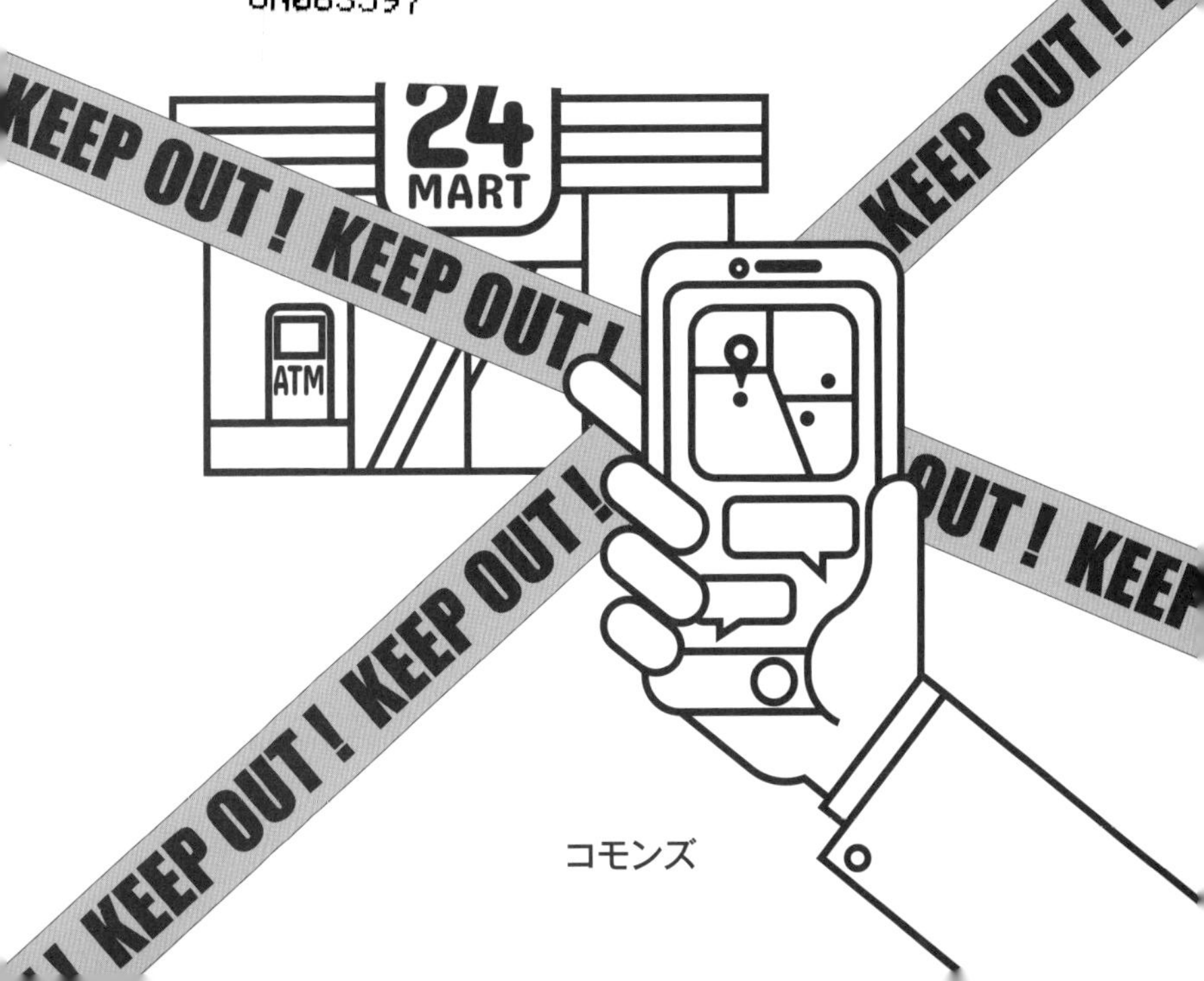

コモンズ

はじめに

たぶん、長くは続けられない。

最初は、そう思っていた。コンビニエンスストア（以下、コンビニ）に足を踏み入れずに、日々の生活ができるか試そうと考えついたときのことだ。なぜ、そんなことを試そうとしたのかは後述するが、コンビニを利用していない期間はもうすぐ三年になる。

こうした生活を続けてきて、いちばん驚いたのは、「不便だ」「困った」という場面がほとんどなかったことだ。始めた当初は別として、そもそも日常生活のなかで「コンビニを使わない」ことを意識することさえなくなっている。

インターネットや物流サービスが発達して、とても便利な社会になり、その状況にわれわれはすっかり慣れてしまった。便利な生活には、よいことはたくさんあるし、悪いことだってある。そんな善し悪しは別として、便利な生活を支える代表格のひとつであるコンビニを断ってみると、コンビニの代替になるものを探すことになり、いままでとは少し変わった日常になる。

コンビニ断ちに慣れると、さらに、もう少し新しい体験をしてみたいと思い、スマートフォン（以下、スマホ）の利用を極力減らす「脱スマホ」も試し始めた。スマホは持ち歩いているだけに、ちょっとした空き時間についい、いじってしまう。電車の中で見回せば、ほとんどの人がスマホを見て、何やら手を動かしている。

ただ、仕事でスマホに電話がかかってくるし、外出先でメールの確認も必要だから、まったく使わないことはできない。極力、使う用途を限定することにした。手持ちぶさたで「ついつい、いじってしまう」使い方をやめた。

こうして、便利な生活から少しだけ離れてみると、新しい発見や、すっかり遠ざかっていたことの再発見もあって、ゲームを楽しんでいるような気持ちになる。

コンビニに行かなくても、都会には商店がたくさんある。夜中まで営業しているスーパーも珍しくないし、二四時間営業のスーパーだってある。スマホを使わなくても、パソコンでインターネットは使える。だから、本当に「便利な生活」と決別しようというのなら、営業時間が長いお店、どこの街にもあるドラッグストアや外食チェーン店の利用もやめて、パソコンでネットを使わないぐらい徹底しなければ、反則のようにも思える。そこまでやれば、さらに見えてくるものもあるだろう。

ただ、徹底はできなくても、便利すぎる生活の「すぎる」の部分をほんの少し削ぐだけで、便利さと不便さをめぐるいろんなことを考えるきっかけにもなる。たとえば、インターネットを使っているときに出てくる広告。「そうそう、こういうものが欲しかった」「それ、確かに興味あるよ」といった、かゆいところに手が届くようなモノや情報が提供されるけれど、それがなくても差し支えない。意識せずに、それを受け入れることは、便利さを享受しているのではなく、踊らされているように思えてくる。意図があってもなくても、誰かが儲けるうえで都合のよい生活をさせられているのではないか。

消費を喚起する商品やその情報を提供するのは商売の常道。インターネットがなかったころ、定期購読していた雑誌に載っている広告は欲しいものばかりだった。記事を読むよりも長い時間、広告を見比べていたこともあった。でも、それは雑誌を開いている間だけのこと。いまでは、いつでもネット広告がぐいぐいと提供され、趣味や仕事ばかりでなく、生活に関連したあらゆる場面に広がっている。

そして、類似の嗜好を持つ人たちとひとくくりにされ、多様な選択があると言われつつも、実は無個性な生活をさせられているように思える。だから、便利な生活から、ちょっぴりはみ出すだけでも、違った視点、新しい発想ができそうな気がするのだ。

コンビニ断ち、脱スマホを壮絶な覚悟でやっているわけではない。都会で暮らし、勤め人でもあるので、極端な生活は難しい。新聞記者といういまの仕事も、都会の暮らしも続けながら、できるレベルの試みだ。スーパーに買い出しに行くし、二四時間営業の飲食チェーン店で食事することだってある。パソコンやインターネットは、使わずに仕事はできないし、日常生活でも使っている。

生活に使う物品をしぼり込んでいく生き方をつづった『寂しい生活』（東洋経済新報社）の著

者・稲垣えみ子さんのような生き方はできない。自宅の電気を五アンペアにして究極の節電生活する『本気で5アンペア——電気の自産自消へ』(コモンズ)の著者・斎藤健一郎さんのような挑戦も、自分にはとても無理だ。

便利さから遠ざかろうとしても、やっぱり易きに流れてしまう。だから、身の丈に合うことしかできない。何が身の丈に合っているのかは、試してみないとわからない。自分にとっては、困難だと思ったコンビニを利用しないというのは、等身大で無理なくできる便利生活からの脱却だった。そんな緩い挑戦だから、コンビニ断ちの生活を、ことさら他人に話すつもりはなかった。

コンビニ断ちをして一年近く経ったころ、『アナログの逆襲——「ポストデジタル経済」へ、ビジネスや発想はこう変わる』(デイビッド・サックス著、インターシフト)という本の書評を新聞に書くことになった。この本は、レコードやノート、写真フィルム、印刷物などのアナログ製品に携わる人びとを追いながら、見逃されていたアナログの隠れた魅力について書かれている。便利さと少し距離をおく生活は、本のテーマと通じるところがあると思って、書評のなかでコンビニ断ち生活に触れた。

それがきっかけとなり、便利さと少し距離をおいてみた体験をもとにした本書を書くことになった。ちょうどコンビニの長時間営業をめぐる動きや議論が活発になりつつあったから、日ごろ疑問に思っていた便利すぎる社会について考え直してみるいい機会でもある。

この本を書くことになって、まず脳裏に浮かんだのが、大手コンビニチェーンの本部に勤めている従兄弟と、その両親である叔父・叔母の顔だ。「コンビニ断ち」なんて言ったら悲しむのではないか、と。逆に、従兄弟が新聞の不買運動をしたら自分だって複雑な気持ちになる。でも、叔父さん、伯母さん。なにもコンビニ不利用運動の旗を振ろうというのではないのです。かわいい息子が勤める会社を責めているわけでもないのです。便利な生活からちょっと離れてみて、いままで見えなかったものを見つけ、気づかなかったことに気づき、少し前までは当たり前だった生活を振り返ってみようというだけなのです。

『アナログの逆襲』だって、単に過去を美化して最新技術を否定しているわけでもなく、また昔のアナログな時代に戻るべきだと主張している本でもない。

無理をせず、大上段にも構えず、身の丈に合った挑戦で、便利な生活から少しだけ離れてみる。できることを、できる期間だけやってみれば、きっと新しい何かが見つかる。

コンビニを使わない生活も、スマホを極力使わない生活も、ちょっと楽しむのも悪くないと思いますよ。

第3章 脱スマホ依存 87

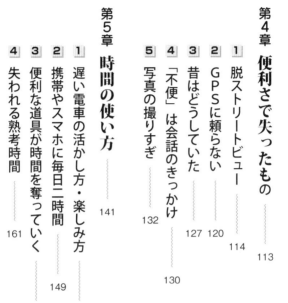

第6章　見直される「便利すぎる社会」〜〜 167

第1章

コンビニ断ち

◀セブン-イレブン

◀ファミリーマート

◀ローソン

京都駅付近にあるコンビニ3大チェーン

1 苦労はあまりなし

コンビニのヘビーユーザーだった

コンビニを頻繁に利用していたころ、どんなことに使っていたのか。

以前の生活を振り返ってみる。多い日は一日に数回、コンビニに出入りしていた。

朝は、自宅から駅までの途中にあるコンビニに立ち寄る。暑い季節は飲み物を買い、花粉の多い季節はマスク。自宅で定期購読していない新聞や雑誌を買うこともあった。仕事でタクシーを使いそうな日は、財布に千円札が足りないと、飲み物を買って、千円札を調達することもあった。

会社に着くと、社内にあるコンビニでコーヒーを買うことが多かった。職場にお湯が入った電気ポットがあるから、自分で淹れてもいい。でも、時間がなかったり、面倒くさかったりで、つい買ってしまった。ドリップコーヒーでも一〇〇円で買える気軽さもある。早朝から仕事があって家で朝食を取らずに出社したときには、コンビニでサンドイッチやおにぎりを買って食べるのが日常だった。

昼食時になると、社員食堂か社内のコンビニで何か買うのが定番。昼食は一人で食べることが多い。一人のときは手早く済ませたいし、仕事関連の資料や刷り上がったばかりの夕刊を読みながら食べることが多いから、社員食堂やコンビニ弁当を自席で食べるのが便利だ。ちょっと体重が気になっていたときは、コンビニで売っているサラダやカップに入った春雨ヌードルも重宝した。

午後、小腹が減ると、社内のコンビニへ立ち寄り、ヨーグルトやせんべいを買うことも珍しくなかった。銀行口座から現金を引き出すときも、ほとんどコンビニ。銀行のＡＴＭはめったに利用しなかった。

夕食は、社員食堂、あるいは社外での会食や飲み会、帰宅途中で済ませることが多かった。たいてい帰宅は夜遅くになる。帰り道に自宅近くのコンビニに寄って、サンドイッチやビールを買うこともあった。とくに何か買う予定がなくても、ちょっと入って雑誌を眺めたり、切れかけて買い足したほうがよさそうな日用品がなかったか考えたりしていた。陳列棚を見ていると、歯磨き粉やマスクなどが切れかけているのを思い出す。

まったく意味なく、単に何か変わった新しい商品がないか探してみて、つい買ってしまうこともあった。仕事を終えたあとの気分転換にもなっていたが、コンビニの「ついで買い」を促す作戦に乗せられていたようにも思える。

休日はどうだったか。

新聞や雑誌、昼食のおにぎり、こまごました雑貨を買っていたし、家に持ち帰った仕事で資料のコピーや電子データを印字するときにもコンビニは重宝だった。家の近くのひとつには店内に郵便ポストがあり、利用していた。たまに宅配便を出すときは、必ずといっていいほど持ち込んだ。集配センターは近所に見あたらず、集荷だと電話でお願いして待つという手間がかかる。コンビニ持ち込みなら、いつでも自分の都合がいい時間に発送できるのが最大の利点だ。

出張先や旅先でも重宝していた。花粉対策のマスク、筆記用具、新聞、ファクスの送信、現金の引き出しなど。店に置いてあるものは確実にわかっているから、安心感もある。出張先では、夜に朝食用のおにぎりやサンドイッチを買っておけば、朝の忙しい時間帯、部屋の中だけで朝食から身支度まで済ませることができた。

緊張感なくスタート

こうしたコンビニ利用の頻度は、「依存症」とまでは言えないけれど、どうやら平均的な利用よりも多かったようだ。

経済産業省が二〇一九年七月に無作為抽出の一万人を対象に行ったコンビニ利用に関するインターネットアンケートによると、「ほぼ毎日」が一一%、「週に三～四回程度」が二〇%、「週に一～二回程度」が三五%、「月に一～三回程度」が二七%だった。同時に、コンビニ利用者を対象としてヒアリングも行っている。首都圏を中心とした一〇店舗の来客者九四四人に尋ねた調査では、「ほぼ毎日」が五九%、「週に三～四回程度」が二八%、「週に一～二回程度」が一一%、「月に一～三回程度」が二%だった。

　この二つの調査は、自分や周辺の人びとを含めて都市部居住者のコンビニ利用頻度が高く、地方在住の身内らがそれほど依存していないという実感とも一致する。

　毎日、何回もコンビニに出入りしてきた「優良顧客」だった自分が、コンビニを使わないで買い物をする店まで深く考えずにコンビニ断ちを始めたから、うまく続くか自信がなかった。ところが、コンビニを使わない生活は、さほど苦労しなかった。なんといっても、都市部にはコンビニ以外にもお店はたくさんある。

　コンビニ断ちを始めたのは、二〇一七年五月。だんだん暑くなる時期だ。

　夏はコンビニや自動販売機で買ったミネラルウオーターを持ち歩き、会社に着くと職場にある冷蔵庫に入れて、のどが渇くと飲んでいた。でも、コンビニに寄らなくても、自宅から駅までの経路に自販機はたくさんある。

　通勤や街を歩くとき、時間があれば、多少遠回りでも表通りより裏通りを歩くほうが好きなのだが、その裏通りにも自販機はある。誰が使うのだろうと思ってしまうが、置かれたごみ箱にはペットボトルがたくさん入っているから、一定の利用者はいるのだろう。しかも、通勤時に使う地下鉄駅のそばの裏通りにある自販機は、五〇〇㎖のミネラルウオーターが一〇〇円だった。他の自販機やコンビニよりも安い。これなら、コンビニで買う必要はない。もっとも、そのうち、家で買い置いたミネラルウオーターをボトルに入れて持ち歩くようになった。

新聞を買う必要があるときは、駅の売店で買うことにした。最寄りの地下鉄駅には、売店がない。隣の駅には以前あったが、いまはなくなっている。それでも、乗換駅にはある。

家で朝食を取る時間がないときは、会社の近くにある牛丼チェーンの朝定食か、喫茶店のモーニングセットを食べることにした。牛丼チェーン店の朝定食は、ご飯、味噌汁、目玉焼きに海苔もついて二五〇円という値段設定が衝撃的だった。コンビニのおにぎり二個分ぐらいの値段で、ちょっぴりぜいたくなおにぎり一個やサンドイッチより安い。経営的に大丈夫なのか、どこかで誰かが泣いていないのか、気になる。

朝コンビニで買っていたコーヒーは、会社の最寄り駅近くにあるカフェか社内の喫茶店で調達することにした。この喫茶店では、コーヒーを紙コップに入れてくれるので、自分の席に持ち帰って飲むことができる。値段は一杯一五〇円。一〇〇円コーヒーを置く社内コンビニは隣り合わせで、近くにはカップコーヒーの自動販売機もあるが、この店の利用者も少なくない。コーヒーの味の違いはあまりこだわらないけど、やっぱり自販機やコンビニより美味しい気がする。

社内の喫茶店に頻繁に通うようになって、昼食の問題も解決した。昼の時間が近くなると、自家製のサンドイッチを売っているのだ。日替わりの中身によって値段が少し違うところも面白い。二切れセットで、だいたい一五〇円。焼いた食パンに、ゴボウサラダ、コロッケなどが挟まる。見える切り口だけではなく、奥までドカッとおかずが入っている。ハンバーグが挟んであって二〇〇円のときなど、十分な食べ応えがある。体重が増えているときは敬遠したくなるくらいの量だ。

手頃なだけあって、午後一時ごろになると売り切れてしまう。何時ごろにサンドイッチが並ぶのか、何時ごろになったら売り切れるのか、何回か試行錯誤しながら、混んでおらず、しかも確実に買える時間を探った。そんなことは、行けばたいてい目当ての品か食べたい品が並んでいたコンビニでは考えたこともなかった。

このサンドイッチが昼食の定番となる。利用が多くなると、店の人も顔を覚えて、サンドイッチを手に取る前から「今日は一八〇円です」とか、社外の店や社員食堂での昼食が続いたときや長期休み明けなどは「久しぶりですね」などと声をかけてくれる。ほんのひとことふたことの会話なのだけれど、こういうのは何となく心地いい。

次々に見つかる代替策

現金の引き出しは、銀行のＡＴＭコーナーを使うことにした。コンビニのような手軽さはないから、コンビニの利用をやめてからしばらくの間は多めに引き出していた。だが、やがてその必要はないことがわかった。出勤途中にも仕事で出歩く先の周辺にも、銀行の支店はある。少なくとも都市部では、コンビニがなくても現金の引き出しに不便はない。

会社でときどきおやつに食べていたヨーグルトやせんべいは、買わなければいけないものではない。買える店があるから食べてしまうのであって、苦労して食べるのを我慢するわけではなかった。

夜、帰宅途中でコンビニに寄らないのは、まったく差し支えなかった。むしろ、見ているうちに欲しくなって、おにぎりやビールを買わなくなったのは、健康管理上も好ましい。ひどく我慢が必要なわけではない。

日用品を買うのも、コンビニなしで問題なかった。切れてからコンビニに走らなくても、週末の買い物で注意すればいいのだ。忘れそうならメモをしておけばいい。コンビニが増えて頻繁に利用するようになる前は、普通にやっていたことだ。それに、日用品はコンビニよりもスーパーやドラッグストアのほうが豊富にあるし、値段も安い。

難儀すると思ったのが宅配便の発送だった。でも、何カ月かに一回の発送は非日常的なイベント。だったら、そのときは気合を入れて宅配便の集配センターまで行けばいい。普段は意識しなかったからわからなかったけれど、探してみると集配センターは、書留などを受け取りに行く郵便局の近くにあった。それに、発送する荷物が大きくなければ、大きな駅に行けば旅行客向けの宅配便サービスコーナーがどこかにある。通勤や買い物のついでに利用できた。

「何か送るときには宅配便をコンビニで出す」という習慣から、いままでは使おうと考えてもみなかったが、郵便局のサービスも便利だった。さほどかさばらない書籍やお菓子などを送るのは、レターパックが便利。ポストに入れられるからコンビニより手軽だし、値段も手頃だ。

これだけは、コンビニに頼ることになると思ったのが不祝儀袋だ。自宅に常備するのは不吉な感じがして、買い置きはしない。きっと、急なときにはコンビニに駆け込むしかないだろうと思っていた。ところが、たとえば親戚に不幸があって駆け付けるといっても、少なくとも一日ぐらいの余裕はあるから文具店で買える。また、葬儀を行うセレモニーホールに行ったときに売店をのぞいてみたら、しっかりと準備されていた。これはかなりの安心感がある。仕事関連で葬儀に出るとき、参列できない知り合いから当日になって香典を立て替えるように頼まれても、ここで不祝儀袋を調達できる。

そして、外出先や休日の軽い昼食にしていたコンビニのおにぎり。買わなくなってから、街を歩きながら注意すると、そこかしこに、おにぎり屋さんがあるのに気づいた。チェーン店も、そうでない店もある。昼食時間には行列ができているから、利用者も多いのだろう。握りたてであるし、店で独自に工夫した具も入っている。

仕事場周辺のコンビニ事情を説明すると、築地にある朝日新聞東京本社内にはローソンが二軒ある。八階の食堂の隣と新館のロビー。どちらも昼時にはレジに長い行列ができるほど、にぎわっている。仕事で急に社内の宿泊室に泊まることになって準備がないときは、下着や洗面道具もここで調達できる。隣の東京国税局のビルには、一階にファミリーマートがある。国税局に用事がなくても誰でも入れる。ローソンとは違った弁当やサンドイッチを食べたいと思ったときには足を延ばしていた。

2 変わった生活、見つけたもの

健康にも財布にも利点

コンビニを使わなくなって、生活で最も変わったのは飲食が計画的になったことだ。間食が減った。コンビニで大金を使っていたわけではないが、それでも積み重なると支出も減った。社会人になってからずっと増えて、気にし続けている体重にも効果があった。間食しなくなった効果なのか、体重が減ったのだ。「コンビニ断ちダイエット」と喜んでいた。

朝、自宅からミネラルウオーターを持って出勤や外出するようになって、水の買い方も変えた。夏に毎日ペットボトルの飲料を買うのは、値段の面からも、ペットボトルを使い捨てにしている点からも、気がひける。そこで、自宅に買い置きしてあるミネラルウオーターを五〇〇㎖のペットボトルに小分けして、持って出ることにした。自宅では、災害用の備蓄も兼ねて、二ℓ入りのミネラルウオーターのボトル六本が入った箱を常時一〇箱前後ストックしている。

水をペットボトルに入れて持ち歩くと、水筒より軽いし、飲んだ後、邪魔になったら捨てることもできる。ただし、たいていは持ち帰って洗い、新しい水を入れて冷蔵庫で冷やす。飲んでいる姿を周辺の人が見たら、コンビニや自販機で買って飲んでいると思うだろう。環境問題は気になるけれど、「こだわりのエコ生活」というほど力を入れているわけではないから、水筒を持参するよりも無造作にペットボトルを使い回すぐらいが身の丈に合っていた。

　水筒を使わないデメリットは温度管理。とくに夏に飲む水は、ぬるいミネラルウオーターより冷やした水道水のほうが美味しい。前の夜に冷凍庫に入れて凍らせれば、持ち歩いても、会社で机の上に置いておいても、長時間冷たいまま飲むことができる。ボトルの外側が結露してしまうのが難儀だったが、通勤用リュックのペットボトル入れや、布製のペットボトルカバーを使えば、なんとかなる。ある程度、氷が溶けないと飲みにくいけれど、暑い日は飲みやすくなる時間も早い。

　ミネラルウオーターを大量に使うと、値段が気になる。以前は、宅配便会社の商品を届けてもらっていた。二ℓ入りが六本入った箱で、宅配料を含めて一〇〇〇円。でも、スーパーで見かけるのはもっと安い。周辺のスーパーや量販店を比較してみて、自動車で自宅から一五分ほどの「業務スーパー」と看板がある店で、六本入り五〇〇円ほどの箱を買い込んでいる。五〇〇㎖あたり二〇円程度。いよいよ、一本一〇〇円前後の五〇〇㎖入りを買う気持ちが失せてくる。

　二〇一八年四月に大阪本社に異動となって京都で単身生活を始めてからは、会社の帰りがけ、たまに夕食用の買い物に近所のスーパーに寄るようになった。閉店時間が午後一〇時だから、「とても便利だ」と喜んでいたが、お惣菜や肉、野菜などは、午後八時前後から、どんどん売り切れ、棚が空になっていく。午後七時ぐらいになると、生鮮食品は値引き販売が始まる。最初二〇%引きだが、それでも売れ残っていると半額になり、刺し身などは最初の数百円が最終的には一〇〇円になっていた。

やがて、夕方から夜にかけての時間帯に外国人の買い物客を見ることが増えた。交わす言葉や様子から推察すると、中国からの観光客だ。京都駅近くには、手頃な価格帯のホテルが雨後の竹の子のように増え続けている。どうやら、食料品を買って部屋で食べるらしい。どこで情報を仕入れるのかわからないけれど、この時間に値引きされることを知っているようだ。夜の見切り品を獲得する競争は、ますます激しくなっている。

午後九時ごろには、めぼしいお惣菜はなくなっている。もっと置く商品を増やせば、売り上げが増えると思うが、そうはしていない。空っぽになった売り場を見ていると、「出遅れた」と残念に思う気持ちもあるけれど、食品ロスが極小化されているようで気持ちがいい。欲しい人がいても商品がなくて買えない「機会ロス」を防ぐために、商品をたくさん仕入れて、大量の食品ロスにつながっているコンビニの陳列棚とは、だいぶ違う光景だ。

不思議な味のおにぎり

コンビニの利用をやめて一年を超えたころ、思わぬ体験をした。

二〇一八年六月、大阪北部地震が発生した。出勤途中で遭遇したが、なんとか会社にたどり着いた。記者たちの安全の確認、取材の指示、社内での調整業務に追われた。災害や事故など総動員で取材に取り組むときは、普通に食事をする余裕がない。東日本大震災のような規模になると、編集部門をサポートする部署が弁当を大量に仕入れてきて、各部署に必要数を配るが、それほどでもない規模の場合は各部署で調達するしかない。こうしたときは、近くのコンビニで食料を買い込んで、手が少し空いたときや仕事をしながら食べるのが定番。大阪北部地震のときも、コンビニ弁当を食べている同僚が多かった。

お腹は空いたけれど、コンビニ断ちを途切れさせたくない。現場で取材しているときには食事が取れないことも珍しくなかったから、我慢しようと思っていた。すると、見かねたのか、同僚がコンビニのおにぎりを一つ渡してくれた。せっかくの好意なので、ありがたくいただくことにする。

久しぶりに手にするコンビニのおにぎり。大阪に転勤してからは、朝炊いたご飯の残りをおにぎりにして昼食にするのが日常になっていた。コンビニのおにぎりは、自作と違ってパリッとした海苔の感触が懐かしく心地よい。さっそく、かぶりついて驚いた。さまざまな味が舌の上で広がり、一瞬、口から出そうと思ったほどの違和感。なんの味なのか、化学調味料なのか、関東と関西では味付けが違うのか。舌が肥えているわけではないから、原因はよくわからない。ご飯自体の味わいも、自分で炊いたご飯とはまったく違う。

自分で作るおにぎりは、白米、あるいは玄米を混ぜた白米を炊いて、にぎってから少し塩をまぶして海苔で包んでいる。具は、佃煮か、削り節と醤油を混ぜたものが多い。夏は和歌山で手に入れた昔ながらの梅干しだ。スーパーで買った惣菜を適当な大きさに切って、おにぎりが崩壊しそうになりながら強引ににぎることもある。自分の昼飯にしても、人に食べさせるようなものではない。

かたや、コンビニはおにぎりが主力商品、作ってから時間が経っても「美味しく」食べられるように、さまざまな工夫が凝らされているらしい。コンビニを利用していたころは、しょっちゅう食べていた。まずいと思ったことも違和感を持ったこともない。むしろ、お気に入りの商品も複数あったし、新商品も楽しみだった。

コンビニのおにぎりの添加物や保存料を危険視する意見があることは承知していたが、ほとんど気にしなかった。スーパーやお弁当屋で売られているおにぎりも似たようなものだろうと考えていたし、いまも自分で買わなくても食べることは特別に避けようとは思わない。ただ、コンビニのおにぎりは、うまいまずいではなく、なにか不自然で、自分の口には合わなくなっていた。

貴重な「発見」だった。普通に食べていたものから離れてみてわかる違和感。また頻繁に食べれば、違和感もなくなるだろう。でも、きっと、他にもそんな食べ物がありそうに思えた。食べ物ではなくても、日常生活で使っている物や普通にやっている習慣で感じることもあるかもしれない。海外生活から戻って感じる人もいるだろう。当たり前だと思っていることが、当たり前でない。思いがけないところに、そんなものがあると気づかされた。

日常を変えて「発見」

出張やちょっとした外出のときの昼食。以前は、時間がなかったり、飲食店で食べるほどお腹が空いていなかったりすると、コンビニで買って店内の飲食スペースや付近の公園で食べることも珍しくなかった。コンビニ断ちをした後は、近くにスーパーが見つかれば、そこのお惣菜や弁当売り場で調達することもある。

品ぞろえは豊富だし、お店によっては軽食を食べるコーナーもある。それに、出張先や外出先などでスーパーを巡ると、その土地にしかない商品を見つける楽しみがある。滋賀県では赤いコンニャクが普通に置いてあるし、名古屋のスーパーでは輪切りの鮭の切り身を見つけた。正月やお盆の前には、地域ならではの「ハレ」の食材が見つかる。その地域ならではのお菓子は、出張先からの格好のお土産にもなる。しかも、安い。

東京に勤務していたときの早朝出勤では、別の楽しみも見つけた。

コンビニや牛丼チェーンではない朝食を考えていたとき、ずいぶん前に上司から聞いた話を思い出した。その上司はJR中央線沿線の駅から通っており、事故などで電車が止まって遅刻するリスクを回避するため、当番勤務の日は決められた出勤時間より一時間前に会社に着けるように家を出ていたという。当然、多くの場合は何事もなく早めに会社に着く。そのときは、築地市場でゆっくりと朝食を食べる、と話していた。ちょっと洒落た習慣だと思って、印象に残っていた。

出勤が早いといっても、午前六時だったら市場ではちっとも早い時間ではない。開いているお店はいくらでもある。豊洲に移転する前だったから、場内にたくさん飲食店はあった。移転後も残った場外市場に飲食店は多いから、朝食に不自由することはない。

そこで、早朝に出勤するときに場内に出向いてみると、市場に出入りする人たちが食事を取る店が並ぶ一角があった。観光客に人気の寿司屋などは早朝から外国人の行列ができているが、そば屋や丼もの屋は並ばずに入れる。市場で働く人たち向けで、味も量も大満足。むしろ、ちょっと量が多めだ。市場で働いているわけではない「よそ者」だから、遠慮がちに食べていた。

朝からビールを飲んでいる人も珍しくない。もちろん、「朝から」というのは、こちらの勤務時間帯だから思うだけで、一日の仕事を終えてビールを楽しんでいたのだろう。

新しい「仕事場」も開拓した。

朝の習慣となっていたコーヒーをコンビニで買うのをやめてから、会社近くにあるカフェをしばしば利用するようになった。席に着くと、本を読むか、持ち歩いているパソコンを開いて原稿を書く。原稿に集中すると一時間ぐらい過ごしていて、慌てて会社に向かうこともあった。そんなことを繰り返しているうちに、この寄り道が、創造的な仕事をするのに最も適した時間であり、集中して能率的に進められる場所のような気がしてきたのだ。

たとえば、会社に到着して、朝の頭がすっきりした時間に原稿を書こうと思っていても、自分で予定したとおりにできないことが多い。パソコンをネットにつなぐとメールがたまっていて、それを読んだり返信を書き始めたりしてしまう。同僚が出勤していれば仕事のやりとりも始まるから、じっくりと原稿に集中するのは難しい。

会社近くのカフェなら、自分が優先したい仕事に集中できるし、急ぎの用事が発生すればすぐに仕事場に駆けつけられる。ポイントは、極力パソコンをネットにつながないことだ。スマホでも読める社用のメールも見ない。最近のカフェは、無料で使えるＷｉ−Ｆｉがあって気軽にネットにつなげる。だが、つなげると、ついメールをチェックしたくなるし、報道機関のニュースサイトも見始めてしまう。

そうやってしばしばカフェを利用していると、窓際の席に毎回のように見かける中年の男性がいることに気づいた。やはり、パソコンを開いて作業している。似たような習慣なのかもしれない。注意してみると、朝よく見かける顔が複数あった。

朝、人に邪魔されない時間の捻出方法や気持ちの切り替え方はいろいろある。

ある大学の先生に取材の申し込みで午前中のアポイントメントをお願いしたら、「午前中の来客は、お断りしている。午前中は、研究や原稿執筆に集中したい」と言っていた。知り合いの弁護士は、朝刊を読むのは夕方になってからだと言う。新聞を何紙も読むと疲れるから、朝に読むと仕事の効率が落ちるそうだ。同僚のひとりは、職場に携帯型のコーヒーミルを持ち込み、ガリガリと豆をひいてから淹れていた。コーヒーは嗜好品で、仕事の合間に飲むのは気分をリフレッシュする意味があるから、淹れる作業もリフレッシュタイムと考えて、手間をかけているのだという。

いろんな流儀があるものだ。

こうしたことは、コンビニを利用するか否かとは関係なく気づくことができる。でも、これまでの日常と何かを変えることでわかってくることもある。一見、非効率のように見えても、実際にやってみれば発見もあるし、逆に効率が上がることだってあるのだ。

途切れそうになった「コンビニ断ち」

コンビニを使わないようになって、深刻に困ったことは一度もない。ただ、気まずい思いをしたことが一度ある。

脱コンビニを始めて四カ月ほど経ったころの夏。静岡大学で集中講義をする機会があった。大学の夏休み終盤の週末の二日間、「科学ジャーナリズム論」をテーマに朝から夕方まで授業をする。学食は休みで昼食は、講義を依頼してくれた教授の自動車に乗って、校外の食堂に出かけた。大学は静岡市郊外の丘陵地の斜面にある。周辺に学生街が発達している様子はなく、学内の食堂以外は歩いていくにはちょっと不便だ。夏休み中の週末で休みの店も多いこともあって、選択肢が少ない。食後の一息も、適当な喫茶店がないようで、「コンビニでコーヒーでも買って帰って研究室で飲みますか」とおっしゃる。

「あ、コンビニ断ちは四カ月で途切れるか」「なるほど、自分で使わないようにしていても、こういう場面があったか」と思った。でも、せっかく始めた挑戦が途切れるのは残念だ。少し躊躇したけれど、「実は……」と打ち明けた。

教授とは学生時代からのお付き合い。立ち入った話もしやすいし、いまさら変人と思われることもないだろう。思うところあってコンビニを使わずに生活できるか試みていると話すと、「じゃ、自動販売機でコーヒーを買いましょうか」と大学に戻った。

帰路、教授は言った。「コンビニを使わないのは、地方では無理ですね」

前述の経済産業省のアンケートでは、コンビニの利用頻度は人口密度が高い地域ほど高かったけれど、教授が言うような側面は確かにある。都市部はコンビニに置いてある商品を売る店は他にいくらでもあるし、朝から夜遅く、あるいは二四時間あいている飲食店も多いが、そんなに店がない地域だってある。新聞記者になって初任地の群馬県のように頻繁に自動車を使うところでは、広い駐車場があるコンビニは何を買うにも、トイレを借りるにも便利。弁当と飲み物を買って駐車場に停めた車の中で食べている人もよく見かけたし、自分もそうしていた。

3 きっかけ

コンビニの利用をやめてみようと思ったのには、明確なきっかけがある。

オピニオン編集部に勤務していたときのことだ。オピニオン編集部は、そのときどきで議論すべき重要なテーマ、世間の関心を集めている事柄などについて、有識者へインタビューした記事を編集している。朝日新聞のオピニオン面には「耕論」と題した特集がある。あるテーマについて三人の論者に語ってもらう。賛成の意見、反対の意見、別の視点からの意見の三人に登場していただくのが定番だ。

二〇一七年五月一七日朝刊のオピニオン面で、「世の中、便利すぎ?」と題して、二四時間営業のお店や時間どおりに届く宅配サービスのような便利な社会をテーマに、三人の有識者に語ってもらった。そのひとりが、セブン-イレブン・ジャパン社長(当時)の古屋一樹さんだ。

古屋さんの論調は、コンビニは社会に貢献して成長していく業界、もっともっと提供するものがあり、便利に進化していかなければならない、というコンビニチェーンの経営者として当然の主張だった。「大災害が起きたとき、コンビニはライフラインの役割を担います」と災害時の社会への貢献も語っていた。

そして、世の中を便利にしすぎて、人間を怠惰にしていないかという記者の質問に対しては、きっぱりと「見方の相違」と言い切り、こう結んでいた。

「コンビニは、時間的にも心理的にも、生活を豊かに便利にするためにあります。それこそが我々の存在意義です。歩みを止めることはありません」

確かにそのとおりではあるのだけれど、まったく揺るぎない自信に、どこかすっきりとしなかった。なにやらわからぬ、ざらついた感触をはっきりさせたくて、同僚に「この主張、違和感ありませんか」と尋ねてみた。すると、「別にないですよ」「コンビニってこういうものじゃないですか」。

そのときは、まだコンビニの二四時間営業が大きな社会問題になっていなかったから、コンビニは社会のインフラとして貢献しているという明るい面の主張が受け入れられやすかったかもしれない。ただ、もともと便利すぎる社会を考えることがテーマの企画なのに、違和感を持たなかった同僚に違和感を持った。

そこで「だったら、コンビニ使わないでやっていけるか、試してみようじゃないか」と思った。これがコンビニ断ちのきっかけである。

だいぶ天邪鬼な発想だ。でも、理系だった学生時代に、教授たちから、論文を批判的に読むこと、定説に疑問を持つことの大事さを教えられた。ノーベル医学生理学賞を受賞した本庶佑《ほんじょたすく》さんが言う「教科書を信じるな」というやつだ。

新聞記者だって、常識だと思われていること、当たり前だと容認されていることを疑ってかからないと仕事にならない。そうでなくても、自分や周辺では、学生時代も社会人になってからも、新しい着想や常識の打破が求められ続けてきた。いまなら、さしずめ「イノベーションを起こす力」なのだろう。そこで必要なのは、従来の枠組みにとらわれない発想だろう。だとしたら、惰性的にみんなと同じ生活をするよりも違うことをしたほうが、違うものに出会う可能性が高くなると思うのだ。

4 コンビニと自分

憧れだったコンビニ

コンビニ創生期の一九八〇年代中頃、地方の大学に通っていた自分の身近にコンビニはなかった。テレビのコマーシャルで聞いた「開いてて、よかった」というフレーズ。コンビニは都会の象徴のひとつのようにも感じた。セブン―イレブンのコマーシャルに出てきたメキシコ料理の「ブリトー」という食べ物も、うまそうに見えた。

そのころ、友人たちと夜中に、最も近くにあるコンビニはどこだろうという話になったことがある。近県にできたらしいコンビニを想定して、あっちだこっちだと議論した。いまなら、ググればすぐにわかるけれど、当時はスマホもインターネットもない。バイクや自動車を持っている友人たちは、それぞれが時間的に近いと思うコンビニを目指して同時にスタートして、買い物をして戻り、誰が正しいか競争しようと話していた。題して「セブン－イレブンラリー」。確かに行ってきたという証拠の品は「ブリトー」。さすがに試みはしなかったけれど、コンビニはそんな憧れの存在だった。

しばらく前のスターバックスも似たような存在だったかもしれない。長野市で有志がスタバ店誘致の署名活動をしたり、鳥取県知事が「スタバはないけど、砂場はある」と語ったり、店がない地方のことが話題になっていたのは、記憶に新しい。

遠いところから憧れていたコンビニは、大手チェーンばかりではなく、地場のチェーンも展開されて、瞬く間に広まっていく。夜中でも開いているのはとても便利だった。重宝したのは、仲間たちと自動車に分乗してスキーや旅行に出かけたときだ。数台で連れだって出発しても、運転のペースは違うし、信号待ちでバラバラになる。あらかじめ決めた場所でトイレ休憩がてら集合する。高速道路のサービスエリアとともに、トイレがあっておやつも買えるコンビニは貴重な集合地点だった。

スマホがあれば、はぐれても落ち合うのは簡単だけれど、当時はこういう段取りが必要だった。そんな予定を組むのも、仲間と旅行に出かける楽しみのひとつ。コンビニの数も多くなかったから、「あの町の国道沿いのコンビニ」といった指定でも、集合することは容易だった。

頼りになる存在

記者になって初任地の群馬県は車社会、通勤も自動車だし、ほぼすべての取材先に車で行く。このころコンビニのトイレは非常に重宝した。トイレを使わせてもらって、何も買わずに出てくるのは後ろめたいから、お茶や雑誌を買っていた。

東京勤務になってから、コンビニで強く記憶に残っているのは、一九九六年二月に発生した北海道でのトンネル崩壊事故のときだ。地方で大きな事故や災害が起きると、現地や周辺に常駐している記者だけでは取材の手が足りない。本社からも大勢の記者が応援に駆け付ける。若手の記者は「一番機」と呼ばれ、真っ先に派遣される。泊まり支度をする時間もなく現地に出向くことも、珍しくない。

事故現場は北海道の積丹《しゃこたん》半島にある余市《よいち》町と古平《ふるびら》町を結ぶ豊浜トンネル。バスや乗用車が閉じ込められているという。東京本社で防寒着を持たされて、同僚と二人で札幌に飛んだ。北海道支社に寄ると、直ちに古平町に入るように指示された。機材が多くスタッフもたくさん必要なテレビ局は、泊まり場所や食料を確保するロジスティックスも素早い。記者だけ現地に向かわせて、「取材もロジも自前でなんとかしろ」という新聞社は出遅れる。

夕方になって腹を空かせて、現地のコンビニに行ったときの衝撃は忘れられない。弁当、おにぎりはもちろん、せんべいやチョコレートのたぐいも一切棚から消え去っていた。

缶入りスープも飴もない。カイロや下着もなかった。口に入るものといえば、かろうじてガムが残っていただけだ。宿も取れずに、近くのお寺に泊めてもらった。お寺から貸していただいた座布団と一組の夜具を分け合って、空腹をかかえていた記憶とともに、何もないコンビニを思い出す。

東日本大震災の津波被災地でのコンビニも、よく覚えている。地震発生時は、記者たちの取材の指示をしたり原稿を整えたりする役目のデスクをしていた。基本的には本社内での仕事だから、初めて現地に取材に入れたのは、発生から三カ月ほど経ってから。沿岸の道路がようやく通れるようになった時期だ。

レンタカーのカーナビからは「この先の信号を左です。ローソンが目印です」といった案内が流れたが、その場所には信号もなければコンビニもない。震災前はにぎわっていたにちがいないコンビニ。周辺に建物も一切ない、駐車場があったと思われる形跡がわかるぐらいだった。

コンビニ断ちを始める前、最後に入ったコンビニは、たしか群馬県の山中を走る国道沿いにあるセブン―イレブンだ。「たしか」というのは、「コンビニ断ち」すると強く意識しなかったころは無意識のうちに会社や帰宅途中にあるコンビニを利用していて、飲み会の帰りにでも足を踏み入れたことがあるかもしれないからだ。

そのコンビニに入ったのは、二〇一七年五月一三日。親戚の法事に出るために、ドライブも兼ねて自動車でのんびりと長野県に向かう途中、嬬恋村《つまごい》だった。群馬県には四年半在勤して取材で走り回ったので、土地勘がある。八ツ場ダムの工事も進んできたから、四半世紀前と変わった様子を確かめようと、一般道を走っていた。その途中で寄ったのだ。トイレを借りたかったのだけど、例によって何も買わずに出てくるのは気まずいから買い物をした。

二十数年前に利用していたコンビニは、たいてい「セーブオン」だった。デパートやホームセンターを経営する地元企業が展開していたコンビニチェーンで、どこに行ってもセーブオンがあったが、このとき寄った店はセブン－イレブン。そのときは深く気に留めなかったけれど、群馬県内を走っていてセーブオンを見かけなかった。あとで調べたら、二〇一六年にローソンの系列となり、お店のブランドも次々にローソンに転換していったらしい。

ローカル色が多少あった地場のチェーンが、大手に飲み込まれていく。どこでも、同じ商品が買えるという安心感や便利さがあるけれど、地域色が薄れていくことが寂しい。

5 パクス・コンビニーナ

小さな台所で工夫

コンビニ断ちの生活を始めて一年近く経ったころ、大阪本社へ異動した。大阪勤務も関西に住むのも初めて。せっかくだから、京都や奈良、兵庫などのこともよく知りたい。いろんな利便性、休日の過ごし方などを考えて、JR京都駅の近くに見つけた単身者向けのマンションに住むことにした。初めての単身赴任生活。手軽な夕食や日用品の買い物などで、いよいよコンビニのお世話になるかもしれないと内心、思った。

引っ越し当初、マンションから駅までの通勤路にコンビニは一軒もなかったが、歩いて五分ほどのところに二軒あった。

マンションは、いくつか探したなかで、台所が一番充実しているところに決めた。とはいえ単身者向けの小さな物件なので、IHのコンロが一口、備え付けの冷蔵庫は一ドアタイプの四五ℓ程度の小型。炊飯器とトースターは、自宅で使っていた古いものを持ち込んだ。電子レンジはなし。料理は凝るほどではないが、自炊はさほど苦にならない。

こうした「不便な台所」で自炊を始めてみると、食材の使い方を計画的にするか、臨機応変にしていかなければならない。料理に慣れている人なら苦労はしないかもしれないが、不慣れだとそうはいかない。それを面倒だと思うか、独自の工夫を楽しめると考えるのか、ひとそれぞれだろう。単身で料理をする利点は、味付けに失敗しても、誰にも迷惑かけないですむところだ。冒険もできる。

地元の人たちが利用する八百屋には、京野菜が並んでいる。見事な大根があると買いたくなる。頼めば、半分に切って売ってくれるが、それでも大きい。なにぶん、小さい冷蔵庫だから、とりあえず突っ込むわけにはいかない。早めに食べるために、豆腐屋で厚揚げも買って一緒に煮てみたり、手っ取り早く大根おろしにして食べたりした。そんな程度だから自慢できるような自炊生活ではないけれど、不自由はしていないし、外食より安い。外食ではあまり食べられないと思っていた緑黄色野菜も、ふんだんに摂れる。

調味料がちょっと困った。いままで何でも無造作に冷蔵庫に入れていたが、そんなことをすれば小さな冷蔵庫はたちまち「調味料保存庫」になってしまう。冷蔵保存しなくてすむ調味料を買おうとしたのだけれど、だしつゆとかマヨネーズとかは「要冷蔵」ばかりだ。スーパーでよく点検しながら買うと、開封後に常温保存できるものが限られていた。「要冷蔵」の味噌や醤油は、そもそも保存食品という基本的に期待している品質を備えていないし、常温で傷んでしまう梅干しに至っては、この生活では買う意味がない。

さらに、魚や肉類が問題だ。さすがに常温保存は無理。スーパーに行くのはたいてい週末、冷凍庫が独立していないから、適当に買うとたちどころに食べられなくなる。無駄にしないためには、まめに自炊をするしかなかった。

部屋には空いているスペースもあるから、あまりにも不便なら2ドアの冷蔵庫を買おうと最初は思ったが、実際には困ることもなく、最初の夏もしのげた。学生時代のようにレトルトカレーや缶詰も買い置きしているものの、めったに使わない。

米は毎日炊くのは面倒だが、冷蔵庫には冷凍しておくスペースがない。夜に、翌日一日分を研いで、朝炊いて、昼用のおにぎりを作って職場に持参するのが定番になった。具にできる総菜を週末に作り置きしたり、常温保存できる佃煮類を探したり、面倒そうだったが、やってみればさほどの苦労でもなかった。話題になった「おにぎらず」だったら、夕食の残りをそのまま具にできる。

冷蔵庫が小さいメリットはもうひとつ。要冷蔵の食材を優先的に入れるから、買い置きしたビールを冷やしておこうと思っても、一本か二本が限度。冷えたビールが余分になければ、つい飲み過ぎることもない。

結局、単身で不便な台所を使った生活でも、スーパーや八百屋で週末のまとめ買いをしていれば、コンビニなしでも日々の生活で困らなかった。

ただし、半年ぐらいして大きな問題が発覚した。体重が増えてきたのだ。材料を無駄にしないようにするあまり、作る量がつい多くなる。しかも、捨てることにひどく抵抗がある性格なので、つい食べきってしまう。当然の帰結だ。コンビニ断ちを始めたころは、間食やおやつを食べなくなった「コンビニ断ちダイエット」と喜んでいたが、新たな問題に直面している。とはいえ、コンビニ利用を再開しても解決策にはならない。工夫が必要だ。

高くなったハードル

通勤は、大阪までJR京都線(東海道本線)を使っている。関西で電車通勤を始めて面食らったのが、JR西日本の駅の売店。系列会社が経営しているキヨスクではなく、セブン－イレブンだった。これは、駅の売店か、それともコンビニなのか。利用するべきか否か。

「駅の売店である」と自分で認定して利用すれば、「コンビニ断ち」が途切れることにはならない。でも、並ぶ商品を見ると、これまでの駅の売店より品ぞろえがコンビニに近い。しかも、しっかりとセブン－イレブンの看板が出ている。東京での生活より、さらに不便になってハードルは高くなるけれど、ここは「駅の売店ではなくコンビニである」と認定して、利用を封印することにした。

では、通勤途中に何か必要になったらどうするのか。

いや、大丈夫、京都駅には近鉄もある。朝夕に駅の売店で買おうと思ったら、ちょっと遠回りになるけれど、近鉄京都駅に寄ればいい。ところが、行ってみたら、駅の売店はファミリーマートだった。

いやいや、京都には市営地下鉄もある。だが、市営地下鉄の売店はデイリーヤマザキだった。大阪駅で降りてから利用すればとも思ったが、大阪メトロの売店はローソン、阪急電鉄はアズナスというグループ企業の売店で、ロゴには「Convenience」と入っている。関西の鉄道の売店は、運営者が軒並みコンビニに置きかわっていた。

しかし、考えてみれば、東京で生活していたときも、駅の売店はそんなに頻繁に使うわけではなかった。だったら、コンビニ断ちのついでに、「関西での駅売店利用」も封印しよう。

雑誌は書店で買えるから困らない。問題は新聞だ。会社には全紙そろっているが、会社に行く前や休みの日、購読していない新聞に目を通す必要があったときどうするか。他の新聞に載った「特ダネ」を見なければならないような切迫したときには、当番のデスクからメールで送られてくるから困るわけではない。それほどの状況でないとき、コンビニや駅の売店以外で買うとなると、それぞれの販売店に行かなければならない。しかし、販売店は家や駅の近くにあるわけではない。

図書館に行く時間があれば、たいていの新聞は置いてある。土・日はそうすることもあるが、開館と同時に入っても、直ちに新聞を読み始める人が少なくない。長い時間にわたってその新聞を独占されることもあるから、駅の売店で新聞を調達できないのは不便だ。

そこで思いついたのが大型のホテル。京都駅にも大阪駅にも、駅の周辺にたくさんある。大型ホテルならば、たいていフロントで新聞を買うことができる。宿泊客でなくても売ってくれる。これで、新聞調達の問題も解消された。

通勤で毎日乗り降りするＪＲ京都駅のそばには、複数の新しいホテルができつつあった。そのひとつが八条口のホテル。看板にはＪＲ西日本グループとある。建物がほぼ完成して、敷地を囲っていた塀がはずされ、建物の全景が見えるようになると、一階に宿泊客以外も利用可能な店舗ができそうなスペースがあった。たぶん、コンビニが入るのだろう。ＪＲ西日本の関連だから、駅の売店と同様にセブン－イレブンだろうなあ、と思っていたら、二〇一九年四月末にセブン－イレブンが開店した。毎日、この前を通って通勤している。

生活サポートの反面で画一化

街なかでもコンビニの店舗形態が多様化している。落ち着いて食事ができるカウンターや椅子が置かれた店ができ、ゆったり過ごせるようになった。ガソリンスタンドに併設された店や、薬局チェーンとのタイアップ店もある。ファミリーマートは首都圏で「こども食堂」の試行も始めた。

また、高齢者の買い物の不便さが解消され、子どもの見守りにも貢献する。買い物だけではなく、ＡＴＭもあれば、ネットで買った映画やコンサートのチケットも受け取れる。宅配便を扱い、郵便ポストも備えている。公共料金も支払える。住民票や印鑑証明といった行政サービスの窓口にもなっている。

近所にあり、身近で便利なコンビニ。生活の多くを頼れるコンビニ。人びとの利便性に応え、民間企業や公共機関が提供してきた社会サービスを一手に引き受ける。確かに多様化した生活形態を支えているが、日本中を画一化した社会にしていく原動力のひとつでもある。

「パクス・コンビニーナ」

こんな言葉が頭に浮かぶ。コンビニのもとでの便利で豊かな社会。「パクス・ロマーナ」「パクス・アメリカーナ」からの連想だ。他の店に行かなくても日常の用事が満たせる身近なコンビニ、駅の売店もコンビニ。とても便利になったけれど、その拡大に押されて近所の酒店や雑貨屋などは駆逐された。コンビニは、便利な社会の中心的な存在になり、生活するうえで距離を置きにくくなってきた。

そして、コンビニ断ちを始めてしばらくたったころ、二四時間営業を続けるのにオーナーたちの無理が重なっているという話題を見聞きするようになってきた。ネット通販や配送、洋服など、世の中には安くて便利なサービスや商品が提供されているが、その裏で泣いている人たちがいる実態を問題視する声も高まっている。そうしたなかで、コンビニ業界を揺るがす騒動が起きた。発端となったのは大阪だった。

コンビニエンスストアとは

経済産業省の業態分類では、飲食料品を扱っている売り場面積が30㎡以上250㎡未満で、1日に14時間以上営業するセルフサービスの小売店。米国で誕生し、日本で独自に発展して、国内はもとより世界に拡大している。

1974年にセブン－イレブンが1号店を東京都江東区に開店。前後して、ファミリーマートやローソン、セイコーマートなど各チェーンが開店した。宅配便の取り次ぎ、ATMの設置、公共料金の収納代行、コンサートチケットの取り扱い、ゲームソフトの販売などサービスを拡大。街なかばかりでなく、企業や学校、駅の売店にも店舗網が展開され、店舗は全国で5万5000店を超える。売上高は2008年に百貨店を抜いた。チェーンの統合が進み、全体の9割ほどを大手3社が占める。

日本フランチャイズチェーン協会によると、2019年の売上高は11兆1608億円、来店者数は174億5871万人、平均客単価は639.3円。店舗数は大手各社が新規出店を抑制した2019年末に初めて減少し、前年より123店少ない5万5620店だ。

チェーンを展開する本部が運営する店舗もあるが、外部から募った店主が運営するフランチャイズ(FC)方式で営業される店が多い。店主はブランドやノウハウを活用できるが、本部に対価(ロイヤルティー)を支払う。関係は対等だとされているが、営業時間や値引き販売など店主の経営裁量に限りがあることが多い。

第2章

コンビニはインフラか

営業当時のセブン‐イレブン東大阪南上小阪店（夜間）

1　東大阪から広がった波紋

競合多い激戦地

二〇一九年五月、大阪府東大阪市の住宅や商店が立ち並ぶ街。そのコンビニは交差点に面していた。入り口に縦書きで書かれた白い紙が貼ってあった。

「諸事情により　2019年2月1日より　しばらくの間、営業時間を6時から25時までに、短縮させていただきます。ご理解とご了承のほど　よろしくお願いいたします。　店主」

このセブン―イレブン東大阪南上小阪店が、コンビニの二四時間営業をめぐる一連の動きの発端となった。どんな場所にあるのか。周辺を歩いてみた。

大阪の繁華街・難波から近鉄に乗って一五分の八戸ノ里《やえのさと》駅から歩いて二五分、難波から二〇分ほどの長瀬駅からなら二〇分。少し離れたところに高速道路の高架が見える。近くには、近畿大学や付属の高校と中学があって、朝は学生たちが大勢歩き、自動車もひっきりなしに通っていた。街なかにあるけれど、一二台分の駐車スペースが店の前に設けられているから、自動車で利用する人も多いようだ。

八戸ノ里駅前には「ラグビーワールドカップ2019日本大会　大阪府・東大阪市開催」と

書かれたのぼり旗がにぎやかに並んでいた。東大阪市には、高校ラグビーの聖地「花園ラグビー場」がある。町工場が技術を集めて成功させた人工衛星「まいど1号」も、市内の中小企業が中心となった。

駅前にある商業ビルには、スーパーのライフ、百円均一ショップSeria、ドラッグストアのココカラファイン、洋服のしまむらのほか、クリーニング店やベビー用品店、銀行なども入居している。営業時間は、スーパーやドラッグストアがある一階が午前九時から深夜一二時、二階が午後八時までと表示されていた。スーパーをちょっとのぞくと、いつも食べているスライスチーズが一九八円で売られていて、思わず買ってしまった。あとで、普段利用している京都市のスーパーで確かめたら二二八円だったので、三〇円安い。

駅から東大阪南上小阪店に向かって少し歩くと、別のスーパーがある。こちらも、「営業時間　9時～24時」と大きく書かれている。セブン－イレブンの別の店が道沿いにある。さらに歩くと「一般のお客さま大歓迎」とある業務スーパーもあり、「営業時間9：00～21：30　年中無休」と書かれている。

街角には「激安!!　50円～100円」と書かれた自動販売機を見つけた。缶コーヒーやコーラ、ウーロン茶が五〇円、六〇円、八〇円、一〇〇円で売られている。別の場所にも同種の自販機があり、「100円」「ワンコイン」と大きく書かれていた。最近あまり見かけなくなったビールや日本酒の自販機もある。店外のメニューに、「カレーライス380円、お好み焼き340

円、生中220円」と書かれた飲食店もあった。

長瀬駅前にも九時半から二〇時まで営業しているスーパーと百円均一ショップ、駅前商店街まなびや通りには、飲食店や居酒屋、コンビニ、ドラッグストア、めがね屋、不動産屋が立ち並ぶ。近畿大学の前にも、学生たちでにぎわう商店街がある。

日常の買い物や飲食は、安くて便利そうな街だけれど、逆にお店にとってみれば、激戦地なのだろう。

夜の周辺の様子を確認しようと、日を改めてもう一度、出かけた。少し回り道をして周辺を歩いてみる。近畿大学近くの商店街は学生たちが多かったものの、午後八時ごろの東大阪南上小阪店周辺は、うってかわって歩行者も少ない。多少の交通量はあるが、ひっきりなしというほどではない。自動車でコンビニを利用するお客が駐車スペースの道路側に停め、買い物を済ませて立ち去っていった。他の車がコンビニに入ろうとすれば邪魔になる位置だったが、停めてから立ち去るまで別の車は来なかった。

二四時間営業のとりやめ

コンビニの二四時間営業の社会的な関心が高まり、コンビニ各社や政府が対応に追われた経過をまとめておく。

セブン-イレブン東大阪南上小阪店が午前一時から六時までの営業を取りやめたのが、二〇一九年二月一日だ。オーナーは理由を説明した。

「人が足りず、店が回らない。時給を上げるのにも限界がある。このまま二四時間営業を続ければ、私が倒れるしかない状態」

これに対して、セブン—イレブン・ジャパン本部（以下セブン本部）は、営業時間を戻さない場合はフランチャイズ契約を解除するとオーナーに連絡。その場合は一七〇〇万円の違約金が発生すると伝えた。

この動きを最初に報じたのは、法律相談ポータルサイトの「弁護士ドットコムニュース」だ。二月一九日、「セブンオーナー『過労死寸前』で時短営業…『契約解除』『１７００万支払い』迫られる」という見出しの記事がアップされた。話題の出来事を法律観点で解説するニュースコンテンツのサイトで、オーナーから聞き取った本部とのやり取り、コンビニ業界の構造、この問題に対するセブン本部の回答などを長文でつづったのだ。

二月二〇日、セブン本部が「弊社加盟店の営業時間短縮に関する報道について」とするプレスリリースを発表した。少し長くなるが、本部と加盟店との関係、本部の基本的な考え方が示されているので引用する。

「このたびは、弊社加盟店における営業時間短縮の報道におきましてお騒がせしており誠に申し訳ございません」としたうえで、コンビニの意義を主張した。

「いつでもお買い物ができる環境や安全・安心のまちづくりにおけるセーフティステーショ

ンとして利便性を追求してまいりました。一九七四年の一号店オープンより四四年が経過し、コンビニエンスストアは商品の販売のみならず、サービスの提供等、社会インフラとしての役割を果たしてまいりました」

そして、東大阪南上小阪店の営業時間短縮について、こう説明した。

「二四時間営業を実施することによる、地域のお客様への利便性・安心感についてオーナー様にご理解を求めるべく話し合いを続けてまいりました。また、従業員の採用・教育については店主となる加盟店オーナー様の裁量になりますが、世の中全体で人手不足と言われている中、本部としても対応していく必要があると認識しており、様々な施策を講じているところです。オーナー様とは適切な意思疎通が取れていなかったことを熟慮し、今後はしっかりと話し合い、地域社会に必要な店舗として二四時間営業を継続できるよう、本部としても店内体制を整えるため、サポートしてまいります」

つまり、コンビニは社会インフラであり、二四時間営業は地域の利便性、安心感につながるから続けたいが、その体制を維持するために必要なスタッフ集めなどはオーナーの責任である、と言っている。

これを受けて、全国紙が二一日から二二日にかけて報じ、一気に注目が高まった。テレビや雑誌、スポーツ紙の報道も続く。三月上旬には全国紙が次々に社説を掲載した。

「コンビニ二四時間　変化を直視し改革を」(三日、朝日新聞)、「コンビニの営業時間は実情に即して」(五日、日経新聞)、「コンビニ店主の悲鳴　一律二四時間は見直す時だ」(五日、毎日新聞)、「コンビニ　『インフラ機能』維持が課題だ」(九日、読売新聞)。

こうして、一軒のコンビニの時間短縮営業がきっかけとなり、コンビニの二四時間営業に関連する波紋が広まっていく。

2　動いたセブン本部

急展開

セブン本部は矢継ぎ早に対応策を打ち出した。

三月二日に直営店で二四時間営業を見直す実験を始めることが全国紙で一斉に報道され、四日には営業時間見直しを含む加盟店支援策を発表した。支援策の要点は三つだ。

①オーナーが店舗を運営できないときに、本部社員が一定期間、業務を代行する「オーナー・ヘルプ制度」、スタッフの派遣の情報提供や事前研修などで加盟店を支援するスタッフ派遣サービスの周知。

②全国の直営店から一〇店舗を選び、三月中旬以降に夜間の一時休業の実証実験を開始。

③店舗の省人化を通じた生産性向上の取り組みを集約し、推進する「省人化プロジェクト」を開始。

しかし、コンビニ加盟店ユニオンは「直営店のみの実験ではデータの客観性に乏しく、本部に利益の出る深夜営業をすべきという結論に意図的に導かれるのではないか」などとして、加盟店も実験に加えるように要求した。これに対してセブン本部は、実験対象に加盟店も加える検討に入ったことを明らかにした。コンビニ加盟店ユニオンは、全国のコンビニ加盟店で組織され、コンビニ本部との交渉などに取り組んでいる「労働組合」である。

二月二七日と三月六日にコンビニ加盟店ユニオンは、二四時間営業の見直しなどを話し合う団体交渉をセブン本部に申し入れたが、いずれも本部は拒否している。ユニオンが、本部とオーナーとは対等な事業主という関係ではなく、主従関係にあるとして、団体交渉を求めているのに対して、オーナーは労働者とはいえないとするコンビニ本部は応じなかったのだ。

三月一五日、東大阪南上小阪店にセブン本部の社員が一一日に訪れ、営業時間の短縮を理由に契約の解除や違約金の支払いは求めないことを伝えた、と報じられた。

三月一五日、中央労働委員会は、コンビニの店主は労働者とはいえないとして団体交渉権を認めないとする判断を示す。団体交渉に応じないことに対しては加盟店ユニオンが地方労働委員会に救済を申し立て、二〇一四年に岡山県労働委員会がセブン本部に、一五年には東京都労働委員会がファミリーマート本部に、それぞれ団体交渉に応じるよう命じていた。中労委は本部側の主張を認めながらも、「とりわけ、会社側における配慮が望まれる」と注文をつける。ユニオンは「人間としての限界まで働いている。改善するには団体交渉しかない」として、行政訴訟を起こす考えを示した。

三月二一日、セブン本部は深夜営業短縮の実証実験を同日からスタートすると発表。「様々な角度から営業時間のあり方を検討することで、加盟店のオーナー様、従業員様にとって営業しやすく働きやすい、かつ、お客様にとっては日々のくらしに欠かせない『近くて便利』な店舗を目指してまいります」と表明した。ただ、末尾に「今後さまざまな検証を重ね、営業時間のあり方を検討してまいります」と含みを持たせている。

この問題が起きた後、セブン&アイ・ホールディングスの株価は下落し続けた。二月一九日には五〇一四円だったが、三月一日に四九〇二円、四月一日には四二五七円、連休明けの五月七日には三八〇六円まで下がった。この間、日経平均株価は二万一三〇二円(二月一九日)から二万一九二三円(五月七日)へと、緩やかに上昇している。

セブン本部は、トップの交代も余儀なくされた。セブン&アイ・ホールディングスが四月四日の取締役会で、セブン－イレブン・ジャパンの古屋一樹社長が代表権のない会長に退き、永松文彦副社長が社長に昇格する人事を決めたのだ。

二四時間営業問題の影響が拡大するにつれて、政府も動かざるを得なくなる。四月からは、働き方改革の関連法が順次施行されるタイミング。七月には参議院選挙も控えていた。

影響が拡大

世耕弘成経済産業大臣は三月二六日の記者会見で、コンビニ大手四社（セブン－イレブン、ファミリーマート、ローソン、ミニストップ）のトップと四月初旬にも会い、行動計画を四月末までにつくるよう求めることを明らかにした。これまで経済産業省は積極的に動いてこなかったが、本部とオーナー側の対立を業界全体の問題として無視できなくなったからだ。四月五日、世耕経産相は午前七時半にコンビニ大手四社に加え、コミュニティ・ストア、セイコーマート、デイリーヤマザキ、ポプラのトップらを経産省に呼んで、オーナーたちの要望に対応する行動計画づくりを求めた。

四月二四日には、公正取引委員会の事務総長が定例の記者会見で、店主が時短営業への見直しを求めたのに対して、一方的に本部が拒んで店主に不利益を与えた場合の対応について、「店主に不利益となるように取引を実施する場合には、独禁法に規定される『優越的地位の乱用』に当たる」と指摘。独占禁止法適用の可能性は排除されないとの見解を示す。

四月二五日、コンビニ大手三社は経産省が求めた「行動計画」をそろって発表した。セブン本部の行動計画は「社会的なインフラとして多様性のある社会と共生し、持続可能な成長を実現していくための指針」と謳う。あわせて、店舗数の拡大よりも、加盟店の経営を考えて、立地環境や地域の将来人口も加味して出店をしていくこと、セルフレジなどの開発で加盟店を支援することも言及。そして、二四時間営業の「ビジネスモデルを再点検」することも明らかにし、「加盟店様に寄り添い続けるという創業以来の精神」で、加盟店と一体となって、「新たな成長力を生み出す」と表明した。

六月六日には、「公正取引委員会がコンビニ業界の実態調査に乗り出す方針を固めた」との報道が流れた。「人手不足と人件費の上昇に悩む店主から二四時間営業の見直しを求める動きが出ており、本部側が一方的に拒んで不利益を与えていないかどうかを調べる」としている。

六月二八日、経済産業省が設けた「新たなコンビニのあり方検討会」の第一回会合が開かれた。検討会を発案した世耕経産相はＧ20サミットで欠席したが、ビデオレターでこう述べた。

「人手不足やオーナーの高齢化が深刻化するなど、コンビニの成長を支えてきた環境が大きく変化しつつある。コンビニの抱える今日的課題と、今後進むべき方向性を検討する」

検討会は、八月から九月にかけて、東京、大阪、名古屋、福岡、札幌、広島、高松で計一二回にわたってコンビニオーナーに、一一月にはコンビニ本部に二回のヒアリングを行う。そして五回にわたり会議が開かれ、報告書がまとめられた(二〇二〇年二月)。

①二四時間営業、商品やサービスの提供、見切り販売の取り扱いなど、全国一律の対応を見直す。

②新規出店の拡大より既存店の競争力を高め、加盟店の経営改善を本部の経営目標に掲げ、人件費や食品廃棄物など環境変化に応じて本部と加盟店の利益配分やコスト分担を勘案する。

③本部と加盟店が対立した場合の中立的な相談窓口や裁判外紛争解決手続きの整備を検討すべきである。

契約解除と訴訟

一〇月一〇日、全国の約二万一〇〇〇店の一割強にあたる約二二〇〇店が営業時間短縮を希望しているというセブン本部のアンケート結果が報道された。

一一月になると、一日にセブン‐イレブンが営業時間を短縮する際の指針を全国の加盟店主に示した。報道によると、最終的には店主の判断としながらも、二四時間営業の意味を強調、時短には本部との合意が必要とした。一四日にはファミリーマートが、時短を店主が希望すれば認める方針を発表した。本部の同意は、条件としていない。ローソンは店主の希望による時短営業を長年続けており、この時点で一一八店が時短営業している。

年末になっても慌ただしい動きは続く。一二月一〇日、セブン本部が加盟店のアルバイトらの残業代の一部が未払いだったと発表。本部のミスが原因で、一九七〇年代から続いてきたという。未払いは二〇一二年三月～一九年一一月だけで全国八一二九店の計三万四〇五人、総額は延滞損害金約一億一〇〇〇万円も含めて約四億九〇〇〇万円だ。

二四時間営業の見直し議論の発端となった東大阪南上小阪店とセブン本部との対立も急転した。一二月二〇日にセブン本部が「本部との信頼が回復できない限り、フランチャイズ契約を年末で解除する」と通告。接客をめぐる苦情が多く寄せられていることや、店主がツイッターで繰り返している本部や役員批判などを問題視。二九日に本部と店主が協議したが決裂し、三一日に契約は解除された。年が明けて、店主は営業継続を求める仮処分を大阪地裁に申請すると、セブン本部も対抗して仮処分申請。営業を続けてきた店主は、商品がほとんどなくなったため二〇二〇年一月九日から臨時休業に入った。

二〇二〇年一月中旬、久しぶりに東大阪の店を訪れてみた。駐車場スペースに車はない。閉ざされた入り口に貼られていたのは、「訴訟の為　臨時休業」と大きく書かれた紙。「臨時」だけが赤い文字だった。

二四時間営業強制への批判が広がる

コンビニの店主に二四時間営業を強いることに対して、社会の受け止めは否定的だった。

二四時間営業の問題が急拡大するなか、新聞の投書欄では関連の投書が特集された。朝日新聞は、「コンビニ二四時間営業を考える」をテーマに、二〇一九年三月一三日と二〇日に投書をまとめて掲載。掲載された八本の見出しは、「朝7時—夜11時でも十分な役割」「深夜勤務勇気づけてくれる天国」「競合して共倒れされては困る」「本社だけが儲かる仕組み再考を」「従業員思う企業こそ価値上がる」「『安全守る』は本分にあらず」「深夜は同業他社と協力しては」「犠牲の上に成り立つ便利さ」。

読売新聞（大阪本社版）も五月一二日に関連の投書を特集して、「深夜は電気消し　静かに過ごそう」「ありがたいけど　見直すべきでは」「地域の実情見て　輪番制で継続を」「時代に合わせ　営業時間を変更」「需要あることが　おかしくないか」「店長の勇気ある決断称賛」という見出しの六本を掲載した。

五月二四日には、日経新聞がインターネットでの調査結果を報じた。「コンビニ24時間営業見直し　消費者7割『賛成』　本社調査　人手不足に理解」という見出しの記事で、調査会社に委託した五月一〇～一一日のインターネット調査で全国の四八四一人から回答を得た結果を掲載。二四時間営業の見直しに「賛成」が四一・一％、「どちらかというと賛成」が三一・五％だった。ほぼ毎日深夜利用するという回答者でも、半数以上が賛成していた。調査では、いつも利用する店が深夜営業を閉めたらどうするかという質問も行っている。これに対しては、「昼間はいつもの店、深夜だけ別の店」が最も多い六五・五％、「コンビニ全般の利用を減らす」が二〇・三％、「昼間であっても同じ店を利用しなくなる」が七・八％だった。

第1章で触れた経済産業省のインターネットアンケートと、首都圏を中心とした一〇店舗の来客者九四四人に尋ねた調査でも、二四時間営業について尋ねている。

アンケートでは、深夜や早朝営業が「必要」としたのは九・一％、「地域性などを踏まえ店舗によっては必要」が四〇・八％、「店舗の判断にゆだねるべき」が三五・二％、「不要」が一四・八％だった。

アンケートでの意見としては、「夜遅くまで働いている人が、買い物する場所が必要」「何かあった時にも駆け込める」「深夜に需要が少ない地域で実施する必要はない」「治安が悪い地域や人が少ない地域は深夜営業のメリットよりデメリットの方が多そう」「なかったら、みんなそれに合わせて買いだめする。不便になることはない」「空いていると便利だが、つぶれるのが一番困るから、採算が取れないなら、夜はやらなくていい」などがあった。

深夜・早朝の来店者の意見では、「夜勤明けに利用しており、不可欠な存在」「災害時に食料や飲料を供給できるライフラインとなってほしい」「高齢社会なので見守りサービスは必要」などがある。

アンケートと来店者への調査では二四時間営業に肯定的な人の割合は少ないが、結果をまとめた経産省の資料に抜き出された回答者の意見は深夜早朝営業に肯定的な内容が目立つ。

3　オーナーの悲鳴

過労死レベルの労働

二四時間営業問題でコンビニ本部の動きが続いた二〇一九年五月、朝日新聞京都版で、「過労死防止学会」が五月末に龍谷大学で開かれることを知らせる記事を見つけた。記事には「人手不足から二四時間営業をやめたセブン－イレブンの店主らが体験を語る」とある。話を聞きたいと思っていた東大阪南上小阪店のオーナー・松本実敏さんが話すことがわかり、出かけた。

龍谷大学は自宅から遠くない。松本さんが登場するのは、過労死防止学会第五回大会二日目の五月二六日、「二四時間社会と『夜休む権利』――コンビニを中心に」をテーマとした分科会だ。午前九時半からの開催に合わせて自転車で出かけた。会場の校舎に着くと、すでに一〇人ほどが受付に並んでいる。

一〇〇〇円を支払い資料と名札を受け取り、会場がある二階に向かう。コンビニ分科会が開かれる教室に入ると、テレビ局のクルーが三脚に据えたカメラを構えており、ノートやカメラを机上に置いた記者らしい参加者も何人か見かけた。この分科会は、当初は予定されていなかったが、コンビニ問題の広がりを受けて、連休明けから準備を進めて急遽開催が決まったという。会場には五〇人ほどが集まっていた。

講演で松本さんは、コンビニの二四時間営業の実態、オーナーや家族の心身ともに過大な負担をかけていること、社会の理解が少しずつ得られていると感じながらも、オーナーや家族の負担を本部の役員たちは理解できていない気がする、と語った。そして、夜の売り上げに対して人件費が高すぎ、その人件費はすべてオーナー負担になっているという本部の理不尽さ、店を担当する本部の社員や役員が発した文書などから不信感を募らせたことを切々と訴え、自分の行動を「一揆」と表現した。

「働き方改革といっても、大企業の一部だけのもので、本当に改革のいるところには、まったく届いていません。人材不足とは、コンビニのスタッフがいないということよりも、政界・財界のトップに本当の人材が不足しているということではないでしょうか」

会場は静まり、原稿を読み上げる松本さんの話に参加者が耳を傾けた。

「これからの社会は、自分たちのことだけではなく、他の人のことを考えて、社会に本当の意味で貢献できるようなコンビニ業態でなければ、淘汰されてしまうと確信します。疲弊しきった加盟店オーナーさんたちが、本部の圧力から放たれ、二四時間営業を無理強いされ、過労死レベルの労働に課せられることなく、活力を取り戻し、本当の意味での社会に貢献できるような、新しいコンビニ業態をつくっていけるように、オーナーさんたちと手を取り合い、本部を説得し続け、今後も頑張って参りたいと思っております」

分科会では、松本さんのほか、社会保険労務士による「セブン共済の分析から浮かぶコンビニオーナーの在職死亡」と題した講演などで、四人が登壇した。

コンビニ加盟店ユニオン副委員長の高橋義隆さんは、コンビニ本部と加盟店の利益配分、二四時間営業を強いる契約内容の問題などを指摘。二〇一八年に開催した「コンビニの現場を考えるシンポジウム」で、登壇者からコンビニを含む二四時間営業をするチェーン店の存在が、日本の長時間労働を助長している、と指摘されてハッとしたという体験を紹介した。二四時間チェーンが存在するためには、店舗ばかりでなく、配送者やメーカーなど多くの人びとが働かなければならない。

活発な議論

会場からは、何人もが意見や質問をしていた。

「夜、帰宅途中の娘が、何かあったときに飛び込めるからという安心感があった。でも、考えてみれば、それは終電までのこと。夜中の一時、二時まで店を開けている必要はない」

「日本の消費者は、本当にこんな便利さをほしがっているのだろうか」

札幌のコンビニ元オーナーという男性は、北海道の主要なコンビニチェーンであるセイコーマートについて話した。

「本部直営になって、夜、閉めている店が多くなった。夜は採算が取れないことの証だ」

会場から「コンビニは便利だけれども値段が高い。その利益はどこにいってしまうのか」と尋ねられた松本さんは、「本当の原価は本部のお偉いさんしか知らないと思う。近所のスーパーに行くと、自分のところの原価より安くて、よくこんなに安く売れるなと思う」と答えた。

この問題を継続して取材しているというテレビ局の記者は、こう話した。

「セブン-イレブンの一連の対応を見ていて、これは強敵だと思っている。社長を交代させて具体的案をまとめて、あれで局内の空気が変わった。いまさら『オーナーの悲鳴』ではないのでは、と。上手なＰＲ戦略だと思う」

松本さんは、福井の豪雪時にオーナー夫妻が働き続け、奥さんが救急車で運ばれても、オーナーが病院に行けなかったというニュースが流れたときの本部社員とのやり取りも紹介した。松本さんが「そんなことをしていたら、いつかどこかで百姓一揆が起きるわ」と言ったら、「あれには、いろいろ裏があるんですよ。こちらが悪くはないんです」と言ったそうだ。その後、知り合った福井のオーナーから、「本部側が悪くて役員が謝りに来た」と聞いたという。

分科会の取材後、もっとコンビニや松本さんについて取材するべきではないかと思って、社内で同僚に話をすると、「あの店は清掃も行き届いていない。松本さん自身がパワハラ体質だという指摘もある」と言われた。

この問題に限らず、声を上げた人の不評が出回ると、真偽が不明でも報道や踏み込んだ取材を抑制する力となることもある。それが意図的ならば、もくろみは成功していそうだ。

オーナーたちの声は届くのか

コンビニオーナーたちの苦境は、経済産業省の「新たなコンビニのあり方検討会」が各地で開いたヒアリングの議事録からも浮かび上がる。八月二一日に東京で開かれたヒアリングでは、時間短縮営業に関連して、オーナーたちからこんな意見が出た。

「本部に言われなくても、商売を大事にしてがんばっている。三六五日二四時間、この体制というのがいま当たり前だと思いますけど、われわれはだいたいのお店が個人商店規模しかないんです。その中で三六五日二四時間体制というのは非常に無理があります。維持するためには、本部がバックアップシステムを確立するのが当たり前。現在はそれがありません。われわれに全部の負担をかけているだけです。病気もぜいたくなんです、われわれにとっては。風邪ひいても六時間後には治して店に出ないといけないとか、誰も代わりがいないわけですね」

「奴隷制度みたいな契約を結ばされて、日々二四時間三六五日を毎年一生懸命営業しているんですが、どうしても休みたいときもある。アルバイト、従業員さんは休めるように法律で整備されているのに対して、経営者のわれわれは、どこにも守られていなくて。配偶者が亡くなって、葬式、通夜、告別式とあったのですが、代わりをしてくれる人がいなかったもので、通夜の最中に抜け出して仕事に行って、すぐまた戻って葬儀を終わらせるという形を取っていたんです。それも本部には教えて、助けてくれるとさすがに思っていたんですけど、それでも助けてくれなかった」

「コンビニは時給をもっと上げないと。単調にレジをやっているだけじゃなくて、いろんなものをやるんです。一分、三〇秒でやる仕事というのはすごいたくさんあるわけです。時給を、最低でも飲食業とか、そういったもの以上を払えないとだめだよ。そうしないと良い人材が来ない」

「会社側が一番大きく変わったのが経済産業省に社長たちが呼ばれてからなんですね。お上が言うと、そこには逆らえないですよね。人権よりも契約が上になっていることを引っくり返してもらいたいんですよね。大臣から叱られて動いているようじゃ、経営者おかしいですよね。原点に返ってもう一度契約をつくり変えてもらいたい。利益云々ももちろんなんですけど、まずは人ですね」

この先、どうなっていくのか。

コンビニ業界を取材してきた同僚に二〇二〇年一月末、ここまでの動きをどう見ているか聞いた。東大阪から広まった動きについては、次のように話していた。

「セブン本部の対応は後手後手で遅すぎた。報道される前から加盟店主との見解の相違は認識していたはずで、初期対応に失敗した。以前から地域を担当する社員や組織でフォローする態勢を整えておらず、騒ぎが起きてからあたふたした。経産省につけ込ませるすきをつくったのもセブン本部の責任。時短実験も当初の『直営だけ』にしぼった感度も信じられない」

また、同僚は「セブンとその他のコンビニは大きく違う」とも指摘した。

「セブンは商品力が他社よりも上と言われ、一店舗あたりの売上高もおおむね他社チェーンよりいい店が多い。だからこそ、売れれば儲かる。ただ、セブンの中でも二極化していて、売れる店とそうでない店の格差がつきすぎた」

では、改革は進むのか。

「セブンは本質的な改革をする気があっても踏みこめないか、妙案が見つからずさまよっているかの印象。もう少し外の目を入れるとか、違う風を入れないと、改革は難しいと思う。コンビニ全体として、オーナーの利益にはならないサービスの見直しも必要。世の中が変化しているから、柔軟に休むシステムなどは、広がっていくと思う。公取(公正取引委員会)の動きにも注目している」

4 コンビニはインフラというけれど

コンビニ＝インフラ論の拡大

二四時間営業をやめた松本さんが龍谷大学での講演で触れたなかで、気になった言葉があった。二〇一八年にがんで亡くなった妻との話だ。

「やっぱり、人間は夜、寝るもんだよね。二四時間営業をするようになってから、世の中が、おかしくなってきたような気がするよね。人間我慢するっていうことも必要だよね。こんなことを亡くなった妻とよく話し合っていました」

分科会を終えた後、松本さんに挨拶をして、「我慢する」の意味を確かめると、何でも欲しくなったときにすぐに買いたいとか、どこまでも便利な生活にしたいとかいう社会に対する疑問だと話した。

そこで、「オーナーさんに申し上げるのは悪いのですが、コンビニはインフラと言われますが、本当にないと生活ができないか試しています。もう二年間、コンビニに足を踏み入れていないけれど、生活に支障はないです」と伝えたら、驚いた顔をしながら、うなずいてくれた。「インフラ」だから「社会を支えているから」と二四時間営業を強要しても、コンビニのオーナーや家族に過剰な負担をかけ続ければ、持続可能ではない。インフラならば、まんべんなく店舗があって長続きする必要がある。売り上げが期待できる地域で競合他社の店舗をつぶすような攻勢をかけることは、インフラを名乗る企業がやる行為ではない。インフラならば、そのサービスが続けられるように、他社とも共存共栄を考えていくべきではないのか。

また、二四時間開けていて誰でもいつでも利用できることが「インフラ」の条件ではないだろう。深夜から明け方まで店を閉じていても、それが普通になれば、利用者がそれに合わせた使い方をするだろう。ごみ収集だって、分別して、曜日を守り、ルールを守らなければ注意される。利用する側も、わずかではあるけれど手間をかけ、小さなルールを守っているから維持されている。

コンビニ＝インフラ論は、いつごろから出てきたのか。新聞のデータベースで「コンビニ」と「インフラ」で検索すると、一九九〇年代はチェーン展開にインフラが必要という文脈での記事が目立っていた。その後の記事をいくつか紹介してみよう。

「自由に一人で生活できるためのインフラは整ってきた。若者は個室で生活し、食事はファストフードやコンビニですませ、寂しいときには友達と長電話をしたり、パソコン通信を楽しんだりすることができる」(一九九六年一月一一日の読売新聞、竹内宏長銀総研理事長の寄稿。見出しは「日本経済の改革を今年こそ」)

「コンビニエンスストアは、従来商店街が担ってきた都市生活のインフラ機能を完全に代替しつつある。登場以来、ほんの二〇年足らずで都市生活に浸透し、生活に不可欠な存在にまでなった成長の源泉はその革新性にある」(一九九八年一二月八日の日経流通新聞、「転機の小売業(11)コンビニの革新性——物流・情報網など統合」という見出しの連載記事の冒頭)

「日本は社会生活のインフラ(社会的基盤)ネットワークがあちこちで欠落していたが、それをコンビニが見事に補完した。今のコンビニは単なる小売りの域を超えている。消費者に一番近いところにあるネットワークの拠点だ。インターネット物流の荷物預かりや、中長期的には福祉の拠点になるだろう」(二〇〇〇年二月二七日の朝日新聞経済面、東京大学教授の伊藤元重さん、見出しは「コンビニの増殖　社会資本の怪物」)

伊藤さんはさらに、米国ではスーパーが二四時間営業となってコンビニが衰退したが、日本は大店法などで政治的にスーパーが抑え込まれたこともあり、そのすきまをついたコンビニが街の酒屋さんなどを転換、ネット化や情報化の追い風を受けてスーパーとは違う方向に進めた、とも分析していた。

国会でも議論

コンビニ依存の社会にも疑問を投げかけた二四時間営業問題に関連して、国会でのやり取りも目にとまった。二〇一九年三月一四日、参議院経済産業委員会だ。議事録をひもといてみると、コンビニ本部とオーナーの問題だけではなく、社会のあり方に対しても意見が交わされている。

立憲民主党の真山勇一参院議員がコンビニ問題について経済産業大臣の考えを質した。世耕経産相は、「当事者間でしっかり話し合ってほしい」「十分なコミュニケーションを取って、オーナーに十分な理解をいただいた上で解決するように本部側に求めてまいりたい」としたうえで、二四時間営業についての考え方を述べた。

「コンビニの二四時間問題ということは、使う側、われわれ国民の側の問題でもあると思っています。コンビニが出だしたのは大学に入学した頃ですけれども、少し前までは土日とか夜中はもう店はやっていないので、それに合わせてライフスタイルというのもあった。平日に買いだめしたり、いろんなことをやっていました。コンビニが二四時間ということが前提になる中で、ライフスタイルも変わってしまって、二四時間のインフラみたいな形になっている。国民の側から二四時間営業をどう考えるのかという、やはりコンセンサスもつくっていくことが重要ではないか」

これに対して、真山さんはテレビ局でニューヨーク特派員だったころの経験から二四時間営業の必要性を語った。

「やっぱり社会インフラで、生活の多様化で世の中が二四時間動いているというのは、その考え方は賛成です。二四時間働いている人がいる。そうしたら、やっぱりそれに合わせて交通機関も二四時間動いていていいのではないか」

世耕さんは、四月一〇日の衆議院経済産業委員会では、コンビニは社会インフラかを問われ、「広い意味でこれは社会のインフラ的なものに当たる」と答えている。その理由として、全国五万五〇〇〇店以上あって身近な買い物の場となっていること、公共料金の支払いなど生活密着型サービスを提供していること、災害対策基本法上の指定公共機関として位置づけられていること、警察からの要請で防犯のセーフティステーション活動をしていること、などを挙げた。

どこでも利用できるのがインフラ

メディアにもコンビニの二四時間営業をめぐり、さまざまな論考が掲載された。

五月三一日の朝日新聞北海道版では、北海道を地盤とするコンビニチェーンであるセイコーマート社長の丸谷智保さんが、インタビューに答えている。セイコーマートは直営店が中心で、札幌市など都市部で二四時間営業をする店もあるが、午前七時から午後一一時の営業が基本だ。

「多くのお客さんは二四時間を求めていないのに、なぜ大手はこだわるのか。それは、二四時間営業をやめるとロイヤルティー収入が減るからだ。コンビニ隆盛時代には、こうした問題は表面化しなかった。だが、少子高齢化で人口減少が続き、ドラッグストアが食品を売るなど競争も激化している」

確かに、コンビニは近年、利用する年齢層の高齢化が指摘されている。日本の人口構成が高齢化し、自宅から遠くに買い物に行けない高齢者にとっては頼りになる。一方で、値段に敏感な若者たちはネット通販やスーパーと比較して品定めをする。高齢者ら「買い物難民」には助かる存在で、家の近くで日常生活に必要な物を買え、現金引き出しなどのサービスを受けられることが、コンビニ＝インフラ論の根拠のひとつとなっている。ただ、高齢者にとって二四時間営業は、さほど必要でない。

では、インフラとは何か。道路、上下水道、電気、ガス、通信、鉄道、ごみ収集、運送などをインフラと呼ぶことに異論はないだろう。これらは、欠かすと生活できない、あるいは生活がきわめて困難になる社会資本だ。それにコンビニが該当するのか。

コンビニ店は人口が少ない地域に密にあるわけではなく、全国津々浦々で同じサービスは受けられない。「インフラ」を標榜するならば、十分な売り上げが期待できない地域にも、直営店を展開するべきだろう。電力会社もＮＴＴも日本郵便も、よほど特殊な場所でなければ全国くまなくサービスを提供している。鉄道会社は、都市部で利益を上げながら採算が合わない地方の鉄道を維持している。

かつて、自分の故郷の山村では、生鮮食料品を売る商店は主な集落にしかなかった。けれど、その商店は移動購買車に商品を積んで山間部の集落に出向き、生鮮食品を提供していた。いつしか移動購買車はなくなり、やがて集落にあった商店も姿を消していった。

買い物難民に関連して、セイコーマートの丸谷さんが二〇二〇年一月二〇日の日刊ゲンダイDIGITALのインタビューで答えていることが目を引いた。

「過疎地だからこそ、リアル店舗へのニーズが高い。九〇〇人の集落でも、うちが撤退すると、買い物に行く店がひとつもなくなってしまう。逆算するんです、いかに九〇〇人の集落で店舗が成り立つかを」

自治体や住民と話し合い、営業時間を短くして運営コストを落とし、建設コストの一部は自治体からの助成も受けつつ、九〇〇人の集落でもトントンになるようにする。商品の半分はプライベートブランドで、大半はグループでつくっているから、グループ全体で利益が出る仕組みだ。

「最終的にグループ全体がトントンであれば、地域を応援できるのではないか、いや、そうすべきではないか、と考えています。私は右肩上がりで収益を上げる必要は、もうないのではないかと思います。必要以上の利益を追求すべきではなく、少しずつ内部留保が充実していけばよい。それがサステナブルな、現代的な経営だと考えています」

コンビニがインフラであることができる一つの解のように思える。

5　災害時のよりどころか

コンビニも「指定公共機関」

買い物難民対策に加えて、コンビニ＝インフラ論を支えるのが、災害時の有用性だ。

阪神・淡路大震災発生翌日の一九九五年一月一八日、朝日新聞の朝刊経済面にこんな記事が載った。

「コンビニエンスストア最大手のセブン－イレブン・ジャパンでは、ヘリコプター7機をチャーターした。滋賀県米原町など2カ所の工場から弁当やサンドイッチ類などを積んで、18日午前、京都市内の配送センターに送る。センターからは、約150台のバイクで、商品を店に送る」

阪神・淡路大震災以降も、地域の商店街が衰退するなか、コンビニ店舗網の拡大は続き、災害時の物資供給に大きな役割を果たすようになっていく。二〇一七年七月には、セブン－イレブン、ファミリーマート、ローソンが、大手スーパーのイトーヨーカドー、イオン、ユニーとともに、災害対策基本法に基づく「指定公共機関」に指定された。

指定公共機関は公益的な事業を営む法人が対象で、災害予防や応急対応、復旧などで重要な役割を果たす。国の研究機関のほか、日本銀行や日本赤十字社、日本医師会、ＮＨＫ、電力会社、鉄道会社、石油会社、ガス会社、ＮＴＴなどの通信会社、空港の運営会社、大手の運送会社、建設やトラックの業界団体なども指定されている。

　コンビニやスーパーが指定された理由は、災害発生時に自治体や政府の要請で、物資支援協定などに基づいて、全国の店舗網を活かして支援物資の調達や被災地への迅速な供給を担い、災害応急対策に貢献が見込めることだった。災害時、自治体や政府ばかりではなく、民間会社も、日常的な業務で行っている物資の供給やサービスの提供を続け、社会的な責任を果たすために採算を度外視した行動を取る。コンビニもまた、災害時に人びとの暮らしを支えるのに必要な民間会社のひとつである。

　東日本大震災のような大規模災害では、被災者を支援するはずの自治体職員や消防団員が自らも被災者となる。指定公共機関といえども、発生地では被害を受けて、そこで働く人びとは被災者となる。コンビニのオーナー、従業員やアルバイトも同様だ。被災地の自治体には全国から応援の職員が派遣され、社会のインフラである鉄道会社や電力会社、ガス会社には、被災地以外の部署からはもちろん、他の会社からも支援要員が派遣される。インフラを支えるには、それだけの支援体制が欠かせない。

　大きな災害では被災者であっても、地域社会を支える役割を果たすために活動しなければならないことがある。ただし、現場に出る人びとを、それぞれの組織が責任を持って支えていることが必要だ。支えがない個人商店が、災害時に独自に営業を続けることは難しい。

松本さんが講演で触れた、大雪のときに家族が入院しても駆け付けられなかった例が示すように、最前線である各店舗への本部の支援体制が欠かせない。オーナーや従業員、家族が店を開けない状況になったとき、本部が支援できなければ、災害時に役立つ持続可能な体制とは言えない。個人や家族の努力に頼って社会のインフラをつくり出すのは無理がある。

災害対応や防災対策は、誰もが反対できない錦の御旗だ。「命を救う」「国民の財産を守る」を前面に出されれば、本当に必要なのか、あるいは費用対効果で疑問があっても、異議を唱えにくい。防災対策を掲げた公共事業は次々に行われ、防災は人びとに我慢を強いて同調を促す名目にもなる。学者たちも、研究費の獲得に防災への貢献を掲げる。「災害」はカネ儲けや自由を奪うための名目に使われやすい。

災害時の限界

災害時、いわゆる帰宅難民が長距離を歩いて自宅に向かうとき、コンビニは水や食料などを確保する場であり、トイレを貸す場となる。人が集まる場所には情報も集まるし、行政が帰宅困難者に何かを伝えたければ、地域のコンビニに貼り紙をしてもらえば効率的だろう。

だが、帰宅困難者対策の主眼は、家路でのトイレや飲み物の提供ではなく、帰宅困難者を発生させないことだ。仕事場で大災害に遭って、徒歩で帰宅できるほど元気な人は、むしろ、支援を受ける側ではなく、支援する側である。行列して遠くの自宅に向かい、沿道の人びとの支援を受けていては、災害対応の足かせとなる。

災害発生直後は、自治体も企業も帰宅困難者対策よりも、負傷者の救護や倒壊した家屋に閉じ込められた人の救助など、緊急に助けを必要とする人びとに人材も物資も優先させたい。帰宅難民となりそうな人びとは、緊急に自宅に戻る必要がなければ、被災者の支援をするか、慌てずに仕事場周辺にとどまるべきなのだ。政府や自治体は、そうした人びとが都心部で過ごせるだけの物資の備蓄を促している。

たとえば、政府の首都直下地震帰宅困難者等対策協議会では、二〇一二年九月にまとめた報告書で、一斉帰宅抑制を基本方針とした。そして、「むやみに移動を開始しない」という基本原則を徹底し、帰宅困難者の発生による混乱を防止することが不可欠、としている。

その対策として勧めているのは、従業員を施設内で待機させ、そのために必要な備蓄と、家族らとの安否確認手段の確保策を考えておくことだ。報告書には徒歩で帰宅する人びとのための支援策も盛り込まれており、災害時帰宅支援ステーションは公共施設のほか、コンビニやファミリーレストラン、ガソリンスタンドなどが想定されている。その開設は、企業などに待機していた人びとが移動を開始する発災後七二時間以降の想定だ。被害状況によるが、発災から三日後になれば、動き始めている公共交通機関もあるだろう。

災害が起きたときに、コンビニに駆け込めば必要な物資を確保できるのだろうか。東日本大震災の発生当初、東京でも日常生活に必要とするものが一時足りなくなり、コンビニの棚がガラガラになっていたのを記憶している人も、少なくないだろう。

チェーン展開する小売店は、情報管理システムで何がいつ売れたのかを把握している。このデータが競争相手に対する強みでもある。何が売れるのか的確に判断して、商品が途切れないように店舗に届けることができる。メーカーや小売店にとって、必要以上の在庫は無駄。長期間、置き続ける在庫を持つためにお金をかければ、別のことにお金を活用できない。しかも、消費期限がある食料品は価値が下がっていく。在庫を多く持つことは、毎日、少しずつ減っていくタンス預金をしているようなものだ。災害に備えて物資を備蓄するというのは、平時の経営ではマイナスにしかならない。

かつて東海地震対策の取材をしていたとき、ある大手メーカーに、災害発生時に供給されなくなった場合に備えて、部品をストックしておかないのか尋ねたことがある。すると、「ジャストインタイムで必要なときに必要なだけの部品を供給させて経営効率を高めてきたことと正反対だ」と言われた。利益を追求する企業にとって、災害時のダメージと発生する確率、平時の経営効率によるメリットなどを計算して判断すれば、備蓄や在庫をかかえるか否かの結論は明白なのだろう。

コンビニで配送車が荷物を降ろしているのをしばしば見かける。一日に何回も商品を運び込むことで維持されているシステムだから、店舗の裏の大きな倉庫にたくさんの在庫があるわけではない。生産する工場や輸送経路となる道路、それらを支える水道や電気、ガスが維持され、燃料が供給されて運送業者も動ける状態であって、初めて商品の供給システムが維持される。コンビニに、大量の在庫をかかえるという経営上のマイナスを無償で強いることはできない。

災害時に「インフラであるコンビニで物資を調達できると大丈夫」と思わせるのは、危ないメッセージだ。コンビニだけではなく他の小売店も同様。物資の供給が滞る事態を承知しているからこそ、政府は災害への備えとして、家庭で「七日分」の水や食料の備蓄を勧めている。

災害時の「インフラ」としてのコンビニは、他の公共サービスやスーパーや小売店のように、われわれの生活を支えてくれると期待されている。ただ、個々のオーナーたちの献身的ながんばりに期待しなければいけない分、組織が上流から下流まで一括管理しているスーパーに比べて脆弱なのかもしれない。

6 弊害を考える

恵方巻きだらけ

二〇一九年二月三日、京都から東京の自宅に戻る途中、昼食用に何か買おうと思って駅にあるデパートの地下に行ってみて驚いた。どこもかしこも恵方巻きだらけ。寿司屋さんには恵方巻きばかりが並んでいる。「笹の葉寿司置いてないのですか」と聞いたら、「今日は、ないですね」と呆れ顔であしらわれた。寿司屋ばかりではない。ほかの店も恵方巻きを並べ、サンドイッチまで恵方巻き風に形作られていた。

コンビニに出入りしていたころも同じだった。この日、弁当を買おうと思っても、恵方巻きばかり並び、だんだんそれが占めるスペースが広まっていき、節分の時期はコンビニから足が遠のいた。恵方巻きの大量廃棄が問題になってからは、節分の夜や立春の朝に寄ってみて、どれくらい残っているか眺めるぐらいだった。

恵方巻きを食べたことはない。子どものころ、大晦日や正月、お盆には、地域に伝わる行事をやっていたし、小正月には繭玉も作っていた。もちろん、節分の豆まきも欠かさなかったけれど、恵方巻きが登場したことは一度もない。コンビニで売られるようになるまで、存在すら知らなかった。

恵方巻きはコンビニが世に広めた習慣だ。長年、郷土の風習を大切にしてきた地域ならば、それを守っていくのはわかる。一方で時代とともに廃れていくものもあり、寂しいかもしれないが、それは昔から繰り返されてきたことだ。逆に、新しい習わしが始まって、人びとに親しまれながら広がっていくのなら、それもよいと思う。

スーパーやデパ地下まで占領するようになったのだから、恵方巻きキャンペーンは大成功だ。

でも、ここまで売る店が増えると、消費が拡大したところでコンビニ自体の売り上げにどれだけ結びついているのか気になってくる。チェーンの本部、製造業者、個々のコンビニ店の売り上げや利益につながっているのか。少なくとも、店員さんにこなしきれないノルマを課すのは間違っている。

コンビニの会計方法は独特で、売れ残って廃棄される食品の仕入れ値はオーナーの負担となる。したがって、売れ残りが出ても本部は儲かり、オーナーが損をする。値引き販売すれば、オーナーの利益は増えるが、本部の利益は廃棄するよりも減る。経産省の「新たなコンビニのあり方検討会」のヒアリングでも、食品ロスや見切り販売について委員とオーナーの間でやり取りが交わされている。九月二日に高松市で開かれたヒアリングでは、こんな応答があった。

「委員　社会的な要請としては、世の中のために食品ロスを減らして欲しいというのがあると思うんですけど。今のコンビニのシステムはできるだけ食品ロスを減らすようになっていますか?

オーナー　努力はしている。

オーナー　オーナーはみんなそうです。減らしたいです。

オーナー　でも、今、われわれも平気で値引いていますから。

委員　その自由度は一応ある?

オーナー　一応あります。スーパーが値引くんやから私もやるって言って、値引いてる。

オーナー　私の地区だけかもしれませんけども、ある店が値引いちゃったら、周辺の仲間に迷惑をかけるんじゃないですかっていうスタンスで言って来られるんですね。
オーナー　値引きは、実際踏み切れないところがある。やっぱり影の圧力っていうのが契約ですよね。われわれ、声を上げられないところがあります。
委員　余分に発注をせざるを得ない状況というのはありますか？
オーナー　あります。やっぱり本部との良好な関係を維持したいという気持ちがあったからなんですね、今まで。でも、百姓一揆じゃないですけど、のどが渇き過ぎたら、それはもう反乱起こしますよ、当たり前じゃないですか、人間なんで。
委員　まさに今、一揆を起こしたいぐらいの状況まで来ている？
オーナー　そうですね。そういうオーナーは多いと思いますよ」

見切り販売

小売店の「売り切れ」は、商売繁盛の証かもしれないが、さらに売れたかもしれないのに商品がなくなるという「機会損失」として捉えられ、経営的にはほめられたものではない。だが、品切れを防ぐために十分に仕入れれば売れ残る。

スーパーでは、夕方から夜の閉店時間が近づいた時間帯で、値引きして見切り販売をするのを普通に見かけるが、コンビニはそれができなかった。本部と加盟店の間で、明文化されていたわけではないけれど、オーナーたちの証言では、見切り販売を打診すると、本部社員から「コンビニでやっているところは見かけませんよね」「次の契約更新のことをお考えください」などと言われる。契約更新されなければ廃業をしなければならないから、諦めざるを得ない。

コンビニ二四時間営業の問題が浮上して、この悪習も問題視され、恵方巻きに代表されるような食品ロスが問題になっていたこともあって、セブン－イレブンは「ポイント還元」というかたちで、実質的な見切り販売を認める方針を打ち出した。しかし、利用者が値引きのポイントを受け取るには、セブン－イレブンの電子マネー「ｎａｎａｃｏ(ななこ)」を使わなければならない。しかも、値引き率は実験段階で一〇〇円について三～五ポイントだ。

二〇一九年六月一四日の日経新聞の取材に、セブン－イレブン・ジャパンの永松社長は「一〇ポイントも視野に入れている」としたが、夕方のスーパーの値引きと比べれば微々たる率だ。

7 依存とその先

なぜ、これほど、コンビニが社会に根付いたのか。

コンビニをよく利用しているころ、帰宅途中にある店に何も考えずに入って、陳列棚を眺めながら、何も買う予定がなかったことを思い出したことが何回もある。ほとんど習慣のように、あるときは無意識のうちに入っていた。

　コンビニがなかったころ、たとえば近くの商店街にあるお店に無意識で入ることがあっただろうか。自分の経験で言えば、雑貨屋や食料品店に目的もなく入ることはなかった。ただ、書店には意識せずに入っていることがあった。とくにお目当ての本がなくても、面白そうな新刊が入っていないか、好きな作家やジャンルの本で見落としはなかったのか、週刊誌の表紙を眺めどんなことが話題になっているのか、確認していた。服が好きな人も釣りが好きな人も、特別な目的もなく入る店があるだろう。コンビニをよく利用していたときも、似た意識があったのかもしれない。新しい商品を置いていないか、季節の弁当は何があるのか眺めていた。

　書店に無意識に入ると、「本が読みたい」という気持ちが高まっているときは、買おうと考えるハードルがぐっと下がって、少し興味を持った新刊本とともに、前回は買わなかった本も一緒に衝動買いすることが珍しくない。そういえば、コンビニでも普段は見かけない飲み物やアイスを衝動買いしていた。

　インターネットを使っていると、たまたま検索した商品に関連した広告がしつこく出てくることがある。少し前、新聞の新商品コーナーでみたグンゼのパンツ。腰の部分のゴムがなく、はいていて楽だという「第四世代のパンツ」というのが気になって、グーグルで検索してみた。それから大変なことになった。業務で必要な情報を得るためにウェブサイトを見ていると、広告の欄にパンツが出てくる。消しても、しつこいほど出てくる。パソコンの画面を見せながら同僚と話すこともあるから、そこにパンツの写真が出ていると、かなり気まずい。このパンツストーカーにはしばらくの間、悩まされた。

ネットで本を検索すれば、「この本を買った人は……」と、類似の本がずらりと並ぶ。つい目移りしてしまう。本の嗜好は自分が何に関心があるかが明確になるから、便利さよりも気持ち悪さを感じる。コンビニやスーパーの店頭に並んでいる商品も、自分を特定しなくても類似の購買行動をする人びととともに、過去の買い物傾向から、きっと買いそうだと思う商品を勧められているような気がしてくる。

ＩＴやネット、最近ならＡＩ技術が発達して、便利になっていくのが、「中年」「男性」「会社員」「一人暮らし」さらには、「読書が好き」「カメラの新製品を調べた」「パンツを検索した」といった属性でくくられて、関心がある商品を薦められ、購買意欲をかき立てさせられる。どうしても、売る側によって、自分自身が「効率的に購買する」ように仕立てられている感じがするのだ。便利になるのだけど、あまりパターン化されるのは好ましくない。

仕事にはオリジナリティーが求められる。記者だったら、誰も気付いてない切り口で時代を読み取ってみたい。そう考えると、人と同じものを見聞きして型にはめられていくと、似たような発想しかできなくなる恐怖を感じる。

頭が固いか柔らかいか、新しいアイデアが出せるか出せないか。かつては若い人ほどアイデアが出てくると思っていたが、必ずしもそうではないとも感じてきた。もちろん、経験を重ねれば過去の類似例や失敗例、成功例もわかる。それを少し改良して取り出せば、一見して新しいアイデアはできてくる。ただ、まったく新しい発想ができるかは、若さだけでも経験でもなく、独創的な生活をしていることも影響してくるのではないか。

「成長」がすべてか

お金に困ってばかりいた学生時代、ユニクロもなければ百円均一ショップもないし、家具の量販店もブックオフもなかった。ジャージーひとつ買うのにも考え抜き、友だちに聞き、いろんな店を見比べて、情報を集めた。安くて量が多い食堂、長時間居座りやすい喫茶店の情報は、あっという間に広がった。お金や商品が足りない分、生活に工夫が必要で、失敗も多かった。金欠状況での失敗は痛手が大きい。だから、似た失敗をしないように注意深くなった。

新聞社に入社する前、証券会社で企業調査の業務をしていた。来る日も来る日も企業の業績見通しの調査。来期、業績が伸びるか、その先も伸び続けるのかが、株を売り買いする判断基準だった。判断基準として求められたのは、現在や将来の利益であり、売り上げだ。社会貢献をしている企業も多く、それに関心を持っても、新聞や雑誌の仕事だと言われ、とにかく業績が上がるかに注目し続けた。

企業にヒアリングに行き、財務や広報担当者と話をするときも、聞くのは基本的には目先のカネと業績の将来性だ。ほかに株を買える「材料」はないかと、企業が持っている財産を売った場合の金額と帳簿上の価格の差である「含み資産」の計算もさせられた。主に土地の値段だ。ヒアリングのために訪れた企業で、たまに財務担当者に叱られた。

「増益、増益と重ねなくても、堅実に経営しているし、大勢の社員と家族の生活だって支え続けている。雇用を確保し続けていることだって社会貢献だ」

「うちは、会社を解散して資産を売却する予定なんかない。なんで、そんなことばかりに目を向けるのだ」

企業を金銭的な価値だけで判断する、企業は利益を増やし続けなければいけない、経済は成長し続けなければならない、という考え方に疑問を感じた。

コンビニ本部は、店舗を増やすことで売り上げを伸ばしてきた。店舗展開が「飽和状態」になると、売り上げを伸ばすには既存店の売り上げを増やさなければならない。さまざまな業界が繰り返してきた「新しいニーズ」を掘り起こす必要がある。コンビニで毎朝コーヒーを買う人が珍しくなくなったように、また新しい商品やサービスをつくり出していくのだろう。

だが、逆に言えば、そうした商品やサービスは、いまは存在しないものである。だから、消費者にとっては便利であって、生活をよりよくするものかもしれないが、「存在しなくてもまったく困らない」商品であり、サービスであることは間違いない。

「経済成長がすべて」であるような考え方に疑問を投げかける論調が、近年、目につくように、少なからぬ人びとが「成長」ばかり追う姿勢に疑問を感じ始めているのだろう。

第3章

脱スマホ依存

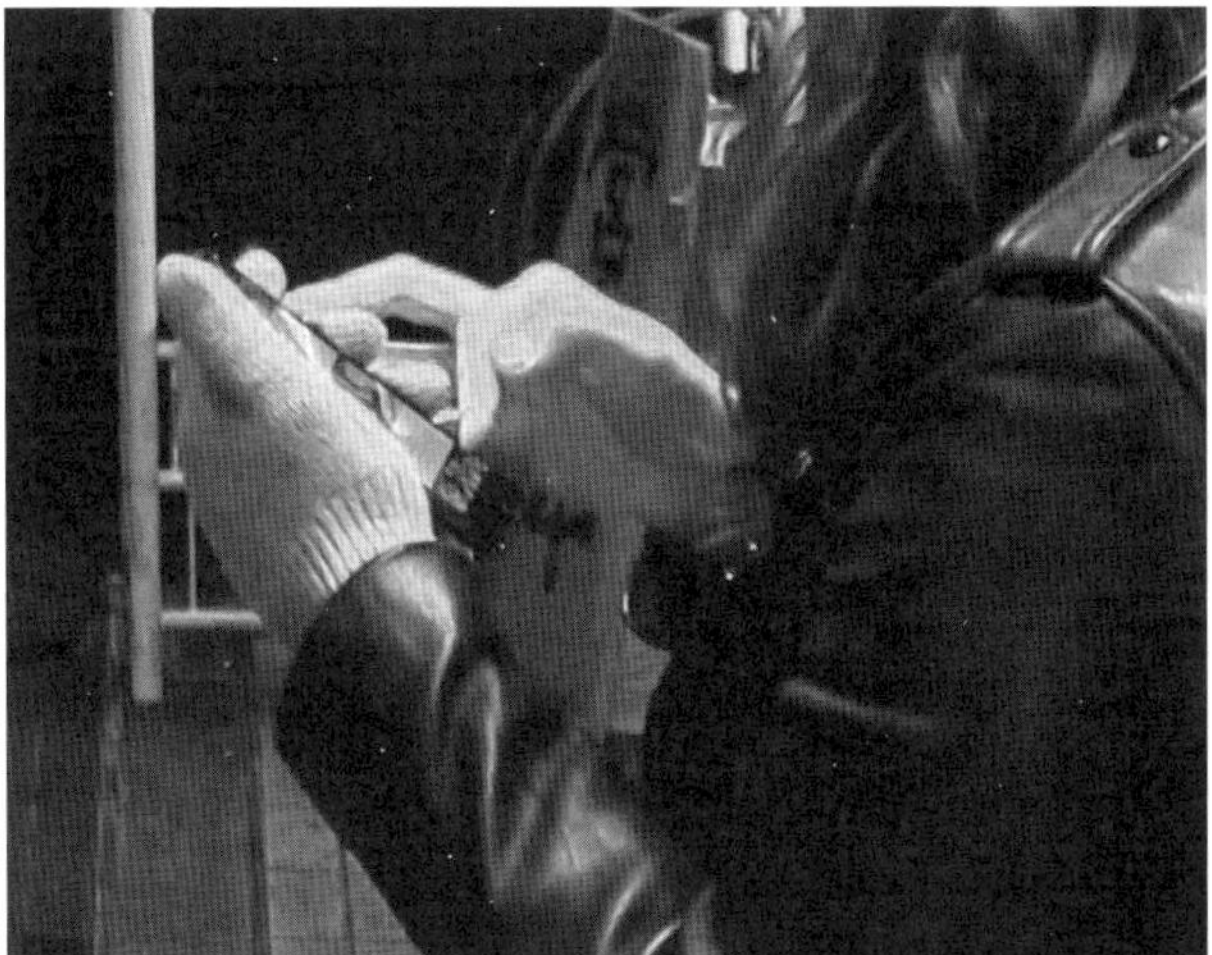

京都の観光地・錦市場でスマホをいじる観光客

1 「脱スマホ」への挑戦

完全なスマホ断ちは無理

コンビニをまったく利用しなくても、さほど苦労なく生活できることがわかった。そうなると、次に挑戦してみたくなるのはスマホ断ちだ。

コンビニもスマホも、身近で便利な代表的存在。でも、ひと昔前は、なくても普通に暮らしていた。常々、スマホは便利だけれど、とても危険な道具だと思っていた。できたら使わずに生活したい。

スマホは日常のあらゆる場面に関わってくる。家でも、仕事場でも、電車の中でも、カフェでも、信号待ちでも、はてはトイレでも、ついスマホをいじってしまう。周辺を見ても、多くの人が、いつもスマホをいじっている。

スマホからインターネットにアクセスすると、いつでも、どこでも、必要な情報を得られる。半面、必要性が薄いものを眺めたり、趣味に関連した情報を調べたり、つい長時間費やしてしまう。気がついたら電車に乗ってから降りるまでずっと見ていたり、就寝前にベッドでいじっていて一時間ぐらい経っていたりすることもあった。睡眠時間を削ってまで得ている情報であっても、それがなければ困ることは皆無と言ってもいい。つまり、自分にとって惰性でスマホをいじっている時間は、完全に無駄な時間と考えてよさそうだ。

さて、スマホを断てるか。

実際にスマホ断ちをしようとしても、無理な企てであることがすぐにわかる。

そもそも、会社から社用のスマホを持たされ、社員同士の連絡に使っている。外出中も定期的にメールのチェックが期待される。社内サイトにもアクセスできるので、業務に必要な情報をそこで得られる。かつては、急ぎや重要な連絡は「メールを送るだけでは伝わったか確認できないから、必ず対面や電話で確認すること」といったルールもあったが、いまや「メールを見ていませんでした」という弁明は通用しにくい。ＬＩＮＥを使った連絡も頻繁ではないが、業務用にも使う。災害時の安否確認やチーム取材に取り組むときの連絡用に重宝している。こうした電話やメール、ＬＩＮＥの業務目的の利用をやめることはできない。

さらに、私用のスマホも持っている。少し前まではガラケーを使っており、それでこと足りていたが、大阪への転勤で単身赴任をしたため、家族との「安否確認用」にＬＩＮＥを使うことにしたからだ。

完全なスマホ断ちするには、いまの仕事をやめるか、連絡もとれず好き放題の「困った社員」にでもならないと無理な相談だ。でも、いまの仕事で、まだまだやりたいことがある。第一、やめたら生活に困る。スマホを手放すために仕事をやめる選択肢はない。「困った社員」には、性格的になれない。それに、「普段はあまり役立たないけれど、いざというときに役立つかもしれない」という社員を放任しておくほど、新聞社のふところは豊かではなくなっている。

それでも、スマホに吸い取られる時間を減らしたい。では、限定的に「脱スマホ」はできないか。いまや仕事でもプライベートでもネットなしの生活は考えられないが、せめて四六時中、ネットを使う生活は避けたい。スマホに吸い取られていた時間を取り戻し、ゆったりと過ごし、ネットに支配されずに新しいことを考えたい。

スマホから時間を取り戻そうと考える以前に、仕事やプライベートで時間の捻出に迫られていた。仕事は管理業務が中心になったから、取材をしたり原稿を書いたりするならば、どこかで時間をつくるしかない。新聞の書評委員を引き受けたから、これまでより、たくさんの本を読まなければならない。初めての関西勤務だから、この機会に休日を有効活用して、見ておきたい場所や試してみたいこともたくさんある。

連絡用に用途を限定

「減スマホ」を始める前に、いったい何に使っているのかを洗い直そうと、一カ月ほど意識的にスマホの使用頻度を増やしてみた。

まず、時計代わりとして時刻の確認や目覚まし時計に使っていた。朝は天気予報もチェックするし、各報道機関のニュースを確認するのも日常だ。ニュースをチェックしていると、関連ニュースも表示される。それを見ているぐらいならいいが、どんどん連想が膨らんでいく。たとえば北陸のニュースなら、行きたいと思っていた温泉地を思いだし、関西から何時間で行けるだろうかとか、どんな外湯があるだろうかとも思い浮かんで、つい調べ始めてしまう。

ＳＮＳで、どんな情報が流れているのかも見る。自分からはスマホで情報発信をしないが、仕事や興味あることに関連した情報を流す何人かの専門家のツイッターは定期的にチェックしていた。朝は、夜中から朝方までの発信を確認する。それには時間がかかるし、関連したことも調べたくなって検索する。

新聞もスマホで読める。会員登録すれば紙面イメージも表示できるから、画面は小さくてもどの面にどれだけ大きく記事が掲載されているかもわかる。ただし、朝の忙しい時間帯に急いで内容をチェックするには、紙の新聞をめくったほうがはるかに早いし、見落としも少ない。

朝、スマホを使ってごそごそしていると、出かける支度をする時間がどんどん遅くなる。

外出先で使う地図アプリも重宝した。知らない街に行くときは、電車の乗り換え案内、現地で便利に使えるバスがあるかや、駅を降りてから目的地までの経路も調べられる。食事をする場所、ゆっくりできるカフェを調べるのにも便利だ。

だが、調べすぎてしまうのは考えもの。休日に近くの観光地に出かけたとき、食事する場所を調べると候補がたくさんでてきて迷ってしまう。失敗を防ごうと、店の評判まで調べていると、どんどん時間が経つ。食事する場所や、「ついでに」訪れる近くの名所などを長い時間比較していて、行きたいところは見つけたけれど、開いている時間に間に合わず、諦めたことも何回かある。

仕事や私用で日常的に乗っている東海道新幹線のエクスプレス予約もスマホだった。駅の券売機で買うより安いし、乗車変更も無料で手軽にできる。仕事が長引いたり、渋滞で遅れそうになったりしても、心配ない。予定を変更したり、移動に手間取ったりしたときは、ちょくちょく乗車する新幹線を変更していた。

こう考えていくと、こんな便利な機械を使わずに過ごせるのかと思うと同時に、いかにスマホが支配する世界で生きていたのかを実感させられる。現代の日本で、コンビニとスマホを使わないというのは、とても大きな冒険のように思えてきた。これは、試みない選択はない。

まったくスマホに触れないのは無理だから、便利すぎる部分、大切な時間をむしばむ贅肉部分を削ろうとする試み、「身の丈」に合った挑戦だ。修験者のような覚悟を持って便利な生活から離れようというのではない。

まず、自分のルールを決めた。

スマホで使う機能は、仕事に必須の通信手段である電話、メール、ＬＩＮＥ。加えて、カメラに限定する。ネットは、仕事で必要に迫られたときに社内用サイトだけとする。しばしば使っていた検索エンジン、地図アプリ、電車の路線検索は、決して使わない。ツイッターやフェイスブックも、スマホでは見ない。

カメラ機能を使うのは、こんな事情だ。新聞社の編集部門にいる人間は、現場に出ることが限られる局長でも部長でもデスクでも「記者」であるから、大事件や事故に出くわしたときに備えて、少なくともコンパクトカメラは常に持ち歩くのが作法。ところが、いまはスマホ内蔵のカメラでも新聞に載せられるレベルの鮮明な写真が十分に撮れるようになって、むしろ持っている古いコンパクトカメラよりも性能が良い。とっさの写真や動画を撮るだけならば、これで十分だ。

なるべくカメラを持ち歩きたいが、カバンにはたいていパソコンや本も入っているから、少しでも軽くしたい。そこで、減スマホ生活でも、カメラ機能の使用は許容することにした。

「便利さを我慢する」といいながらも、「できるかぎり」ということである。無理して途中で断念するよりも、まずはできることだけでも挑戦だ。

2　減スマホ生活を始めてみた

四半世紀ぶりに時計を持ち歩く

スマホの利用を減らして、どう不便になり、その代わりに得られたものはあったのか。

まず、時計機能。記者になってすぐにポケットベルを持たされ、ポケベルに時計機能がつくようになってから、腕時計を付けることをやめてしまった。仕事場ではとくに必要ない。一日何回もの締め切り時間に追われる編集フロアには、見学者に「さて、この部屋には時計がいくつあるでしょう？」とクイズを出すほど、たくさんの掛け時計が設置されている。顔を上げれば時計が目に入る。

スマホの時計が目に入るのは仕方がないが、時計代わりにスマホを使うことをやめた。代わりに、四半世紀ぶりに時計を持ち歩くことにした。タンスから引っ張り出してきたのは、アナログ式の懐中時計。とても見やすく、時刻がすぐにわかる。腕時計と違って、ポケットから取り出して時刻を見なければならないが、スイッチを入れる動作は必要なく、アナログだから時間を捉えやすい。

対面取材や来客と会うときは、机上に置くと予想外に便利だった。時間を確認するためにスマホをのぞくと、相手に「電話入っているならどうぞ」と気を遣わせたり、会話に集中していないようで気まずかったりしたこともある。最初から時計を置いておけば、そんな気遣いの必要もなく、自然な目線で時間を確かめられる。若いうちから活用すればよかったと思った。

新幹線や疲れて電車に乗るときは、スマホのアラーム機能を重宝していた。眠っても乗り越さない用心だ。不便になるかと思ったが、考えてみれば保険のために使っていたようなもので、実際にアラームで起こされることは少なかった。それに、新幹線や通勤電車でなるべく眠らないようにしたので、作業や読書に使える時間が増えた。
だが、失敗もある。一度、在来線で寝過ごして予定の新幹線に乗れなかった。本当に久しぶりの体験だった。遅れて次の新幹線に乗ると、前の指定券は「立ち席特急券」としてしか使えない。指定席が空いていても、座るには新たに指定料金を払う必要があることを思い出させられた。その後、乗り越しにはいっそう注意している。

チェックしすぎていた

朝は毎日、スマホで天気予報を確認するのが習慣だった。気象庁の天気予報は、毎日、午前五時、午前一一時、午後五時に更新される。朝刊に掲載されている天気予報は、前日に発表されたものなので、最新の予報を確認したかった。台風や低気圧が接近しているときには、進路や進行速度の微妙な違いによって予報が大きく変わる。とはいえ、そんなことは多くない。平時は午後五時の予報も午前五時の予報もさほど変わらない。災害担当の記者を長く続けてきたから、どうやら天気を気にしすぎていたようだ。

時間があれば見ていた新聞社やテレビ局、通信社のニュースサイト。大きな災害や事件、他の報道機関の特ダネなどは、すぐに対応が必要かどうしても気になる。社外にいることが多い現場の記者ならば、チェックしないわけにはいかないが、いまは仕事の大半の時間は社内にいるから、スマホで確認する必要はない。外出中もニュースに即応するために急な対応が要るときには、電話やメールで急報される。

ニュースは、テレビを置いていない自宅でもパソコンを開いていれば確認できるし、災害時はラジオもある。むしろ、非常用としてお蔵入りしていたラジオが、身近な存在になって、テレビにはない情報にも触れられることが新鮮だった。ラジオのパーソナリティーは自由闊達に話していたし、テレビにも登場している人びとはラジオのほうが自由に発言しているように聞こえた。そんな話は、「忖度」で窮屈そうなテレビよりも面白い。

高校野球にしても、テレビの観戦とは違って、実況中継を聞いて頭の中でグランドの情景を想像する動作が加わるのが懐かしくもあり、普段は使わない脳の機能を使っているようで、心地よくもあった。そういえば、仕事やアルバイトで車の運転をすることが多かった地方在住のころは、ラジオで情報を得ていたのだ。阪神・淡路大震災も地下鉄サリン事件も、刻々と入ってくる情報をラジオで聴いていた。

交通案内はどうするか

スマホでネットを使わずにとても不自由するだろうと思ったのは、電車乗り換え案内のサイトだ。不慣れな関西勤務であり、しかも仕事で外出することは少ないから、京阪神周辺の鉄道になかなか慣れない。移動には多くの場合、路線案内図が必要だった。行ったことのある場所のほかは、出かける前に経路の確認が欠かせない。

会社や自宅から出かけるときは、路線図を見たり、パソコンで経路検索したりするから、スマホがなくても困らない。問題は、外出した後に行き先の予定を変更する場合や、事故や災害で運転が止まって再開までに時間がかかりそうなときだ。

スケジュール管理用に使っている手帳に載っている関西の路線図では、最短時間で行ける経路も、急行や快速が停車するかも、わからない。目星を付けて駅に行き、掲示されている路線図や停車する電車の種類を確認しなければならない。確かに不便ではある。だが、関東の鉄道網に不慣れだったころは、スマホも存在していなかったから、常に持ち歩いていた文庫本サイズの地図についている路線案内を見たり、駅の案内所で聞いたりして何とかしていた。

転勤して間もなく、地震や台風に直面した。こうしたとき鉄道網は大混乱している。ネットで調べても駅に行ってみれば情報が変わっていることもあったし、駅の係員に聞くとネットの最新情報と異なることもあった。

事故や災害での交通網の混乱は不可抗力だから、出社や人に会う時間に遅れたところで、電話で連絡しておけばいい。ＪＲで京都から大阪に向かう途中、運転再開まで時間がかかりそうなときがあった。振り替え輸送のアナウンスがあったが、どう動けばいいのかわからない。思案しながら停車した駅で降りたら、改札から最寄りの阪急電車の駅まで、人の流れができていた。それについて歩いたので、スマホで調べる必要性もなかった。

切羽詰まった事情で、直ちに最短路線を探して移動しなければならない事態に直面したときはスマホで検索したくなるかもしれないが、いまのところそんな局面には遭遇していない。そうなっても、災害や事故でなければ、たぶん駅の係員も忙殺されていないから尋ねられる。それに「身の丈」に合わせた挑戦だから、いよいよ困ったらスマホを使えばいい。

普段、時間があるときは、さほど所要時間が変わらないようであれば、少しでも土地勘を養うために、なるべく使ったことがない路線や駅を使う。それが最短距離、最短時間でなくても、困るわけではない。駅の路線図や案内表示を丁寧に見るようになり、路線案内ソフトの指示のままに動き回るよりも、関西の鉄道網が頭に入ってきた気がする。

もうひとつ、とても不便になりそうだと思ったのは、東海道新幹線のエクスプレス予約。これを使わないとなると、予約した新幹線になるべく乗るようにしなければならない。変更するために、わざわざパソコンを持ち歩き、その都度、パソコンを立ち上げるのはそうとう難儀。スマホでの予約や時間変更を封印すると、けっこう不便だ。

その結果、どうなったか。予約をするときに熟慮するようになった。いままでは、「だいたいこんな時間に仕事が終わるだろうけれど、もし長引いたり早く終わったりしたら、予約変更すればいいや」とかなり気楽に考えていた。

変更を前提としないと、仕事や用事が長引いた場合に備えて、余裕を持ったスケジュールを立てることになる。すると、たいていはどこかで時間があまる。たとえば、東京本社への出張だったら久しく会っていない同僚と話をしたり、外出先だったら駅に行く途中に書店に寄ったりできる。これが有効な時間かはわからないけれど、雑談しているときに大切な話が出ることは珍しくないし、いつも行く書店で品切れの本を見つけられることだってある。駅に着いても、ホームに直行せずに構内の売店をのぞく余裕もできた。新たに注意すべきは、余計な買い物をすることかもしれない。

余裕を持って行動するほうが、タクシーに乗って渋滞で苛立ったり、階段を走って上ったりしないから、気持ちの面でも楽になる。新幹線が混んでいるときは、時間を変更すると、通路側や三人がけの真ん中になることが少なくない。移動中はコンセントが利用できる窓際の席で、パソコンを使って作業したいから、この点でも予約を変更しないほうが好ましい。

ググらない

スマホでよく使っていたのは「ググる」ことだった。とくに重宝したのが会議中だ。わからないことがあったり、知らないと恥ずかしい言葉が出てきたりしたときに、そっと検索していた。スマホで「ネット断ち」をすると、これができなくなると思ったが、時代が助けてくれた。紙文化が浸透している新聞社でも、最近になって急速に社内でのペーパーレス化が進み始めたからだ。

会議の参加者はパソコンを持ち込み、画面で資料を見ている。会議中にパソコンを見ているのが普通の状態になったから、知らないと恥をかきそうなことをパソコンを使ってネットで調べたり、会議で発言する前に事実関係を確かめ直したりすることもできる。逆に、そこでスマホを使うのは、私用で使っていると思われかねない。

朝のニュースやSNSをチェックするときも同じだけれど、移動中のちょっとした待ち時間でも、ググり始めると、ついつい時間が長くなる。しばらくすれば何を調べていたのかも思い出せないような「ちょっと便利な情報」など、調べる必要もないはずだ。

通勤電車で本を読んでいて、わからない言葉や知らない地名を確認したりするときにも、スマホは万能だった。この我慢は、さほどつらいことではないが、後で調べようと思っても忘れてしまうことが少なくないから、なるべくメモをするようにした。さすがに、辞書や地図帳を持ち歩くのは荷物が重くなりすぎる。

ほかに、スマホで利用頻度が高かったのは地図。使わないとなると、自分にとってはだいぶ状況が変わる。これはグーグルマップとの付き合いと合わせて後述する。

３ インターネットに吸い取られる時間

有意義な時間の割合が減った

スマホをいじる時間は減らせたが、パソコンでネットを使う「便利な生活」も、たくさんの時間を奪っていく。

インターネットが普及し始めたころ、いろんなサイトで自分が知らない情報を得るのが楽しかったけれど、ネットを使っている時間は短かった。当時は、書店や図書館で立ち読みしているような感じだった。ふと興味を持って手に取った本が、実は探していた本よりも面白かったことがよくある。目的の本を買わずに、たまたま巡り合った本を買ったり、図書館で数ページ眺めていた内容が後で役立ったりしたことも珍しくない。初期のネットは、そんなイメージだった。

しかし、ネットに情報があふれてきて、楽しい情報や有用な情報に「たまたま」巡り合ってよかったと思うことが少なくなった気がする。誰もが気軽にネットに情報を載せられるようになり、ネット上にある情報が爆発的に増えたから、たまたま目にしたなかで役立つ情報に当たる確率が減ったのかもしれない。あるいは、年齢を重ねた分、知識がそれなりに増えた一方で、感受性が薄れてきたのかもしれない。

ネットに触れている時間のうち、有意義な時間の割合は確実に減っている。何が有意義な時間かは、人によって違うし、主観の問題。自分にとっては、スマホでネットを見ている時間は非常にもったいない。

その時間に読書やリアルなイベントに参加したほうがずっとよい。たとえば、仕事で役立ちそうな話題や識者の「発見」は、雑誌や本を読んだり、講演会を聞いたり、リアルな現場で見聞きしてから、関連情報をネットで集めるほうが多い。

多くの人びとにとって、インターネットがいまの生活に欠かせない道具であることは議論の余地がないだろう。仕事でもプライベートでも、ネットを使わない生活は考えられない。パソコンでネット検索もすれば、鉄道の路線も調べるし、地図だって見る。ネットを使わざるを得ないから、仕事場ではなるべくパソコンの画面を閉じるか、ネット接続を切る。原稿を書いたり書類を作成したりしているときには、それ以外のアプリは閉じておく。目の前に表示されているると、スマホで時刻や天気を確認したときと同じように、届いたメールやニュースサイトが気になり、チェックを始めてしまう。

仕事場で周囲を見回すと、誰もがパソコンに向かって作業をしている。原稿を書いたり直したりしているかもしれないし、メールのやり取りをしているかもしれない。記者という仕事の特性から調べものをすることも多いから、ネットを見ている時間も相当多いだろう。

自分の経験も踏まえて考えると、取材に出かける前に、ネットで所在地を確認するし、取材の基礎となるデータもネットを使って集める。当然、本や雑誌、印刷された資料も見るが、官公庁の資料はネット上にアップされていて、資料室や図書館で調べるよりも早く手にできる場合が少なくない。記事に必要な統計もネットで探すし、取材相手に関する情報も集める。どうしても、ネットに接する時間が長くなる。

新聞の連載や特集ページなどの企画を立てるとき、以前は、雑誌専門図書館の大宅壮一文庫から取り寄せる雑誌記事も重要なデータだったけれど、ネットで調べるだけで情報がたくさん集まるので、つい、お留守になっている。それに、ネットで検索すればすぐに見つかることを確かめずに企画案を出せば、調査不足だと叱られかねない。

企画の立案や記事を書くために、ネットを使って調べていて、関連した情報が出てくると、念のため確認したくなって、別のサイトも読み始める。そうしていると、さらに新しい関連事項が見つかる。それが効率的に有用な情報を集めるのにつながっていればいいが、どうも、そうではない。結局、あとで参考にもしない情報を延々と眺め、集めていることになる。調べものので脇道にそれることも無駄ではないけれど、最近は、その無駄がいずれ役立つことにつながる確率は低くなっているように思える。

現場に出てこそ見えるもの

記者にとってインターネットを使った情報収集は、対面取材の下調べやネタのヒントとなりそうなことを探す補助的な手段だ。

では、ネットで集めた情報だけで記事を書けるのか。ネット空間にあって誰でもアクセスできる情報であっても、それが間違っていないという裏取りをしたうえで、発信相手に直接連絡をとって記事を書くことはできる。でも、その情報を誰かがSNSなどで流していれば、しかも話題になっていれば、もう「ニュース」ではないだろう。

そういう手法で得られるレベルの「ニュース」を伝えることについては、ネットを舞台にした世界ではプロと素人の垣根がない。ある分野に詳しくて動向を注視している人、ネットを見ている時間の余裕がたくさんある人、ネットでそうした情報の検索が上手な人らと対抗したら、信頼性や拡散力はともあれ、速報性ではプロの記者も負けてしまう。

だが、記者はネットだけの情報で記事を書くことは基本的にはしない。取材が必要な相手がメールやSNSでしか応じなければ、それで記事にする場合もあるけれど、例外中の例外。しかも、相手が間違いなく取材をお願いしている本人なのかの確認が絶対に欠かせない。

プロのジャーナリストの強みのひとつは、実際に会って取材し、ネット上には存在しない重要な情報を得られることだろう。だから、いつまでもネットで調べずに、さっさと直接取材を始めたほうがいい。電話をかけ、直接会って話をし、現場に立って見聞きすること。そこでしか見つからない情報は、ネットで検索するだけの人は得られない。

ネットとは直接関係ないが、原稿の執筆に煮詰まったとき、自分の経験では、集めたデータだけで書こうとして、画面をにらんで文章を何時間もいじくりまわしているよりも、追加取材をしたほうがずっと早い。場合によるけれど、追加取材もメールではなく、電話のほうが素早い。もう一度、直接出向いて取材するのも時間はかかるようではあるけれど、文章をいじくり回しているより時間が節約できる場合もあるし、何よりも最終的な記事の質が高まる。

記者は相手と顔を合わせて取材することが基本、急ぎのときは電話をする。ネットや機器の発達で、それがおろそかになっては本末転倒だ。ネット空間をうろうろしているよりも、実際に出かけて見聞きした現物にこそ訴求力がある。記者になったばかりのころ、こんなことを言われた。

「本に関連した記事を書こうとするならば、本を読むよりも著者に会って話を聞いたほうが早い」

さすがに、取材しようと思う本も読まずに相手に会うのは失礼だから、いまはそんなことを言う人はいない。けれど、直接会って取材する意味はそれだけ大きい。

4 強固になった首輪

機器の発達は、確実に仕事の効率と質を高めることに役立ってきた。その発達によって、作業が便利になり、社会との関わり方が変わっていく。そして、なぜか仕事が増えた。

インターネットとスマホの発達で、どこでも自由にニュースに触れられるから、新聞社もテレビ局のように速報性を重視するようになった。新聞社のニュースサイトや新幹線の車内電光掲示、系列局のテロップばかりでなく、各種のポータルサイトやSNSで流れるニュースの多くは、もとをたどれば新聞社や通信社、テレビ局の記者たちが取材した記事が使われることが圧倒的に多い。国内や世界に取材網があり、大勢の記者たちが組織的に常に情報を集めて発信しているからだ。

新聞の発行部数が減り、ネットでの発信が強化され、朝刊や夕刊の締め切り時間に合わせて仕事を進めるこれまでの文化が大きく変わってきた。速報や動画などネットで提供するようになり、それだけ取材現場の仕事は増えている。たとえば、記者会見があった場合、かつては締め切り時間まで余裕があれば、じっくり聞いて会社に戻ってから原稿を書くこともできた。

最近は、社会の関心の高さにもよるが、デジタル版で速報が必要そうな要素が出てくれば、すぐに送るし、会見現場で配られた資料は写真を撮って本社に送る。注目度が高い会見ならば、ネットで生中継できる体制を整える。かつてはテレビの中継、近年は動画サイトの中継が頼りだったが、いまや必要なら自前でできる。

東京電力福島第一原子力発電所の事故が発生したばかりのころの「東電会見」が顕著な例だ。東京・内幸町にある東京電力の本社で連続的に会見が開かれ、ネットで生中継された。本社内でもネット中継を見ており、大きなニュースになる要素はすぐに把握できたし、派遣していた記者に質問すべき事項をメールで指示することもできた。

記者にしてみれば、取材現場まで上司にチェックされる。また、取材の「舞台裏」が社会にも広くオープンになった。いままで以上に、記者会見現場での言葉遣いに注意が必要になる。よく質問をする記者はネット上でニックネームを付けられて、質問する内容やニュース感覚の鋭さまでチェックされた。記者にとっては、自分の実力を知ってもらえる機会が増えたとも言えるし、とんちんかんな質問ばかり重ねるとダメ記者の烙印を押されかねない。

通信機器の発達は、仕事と私的な時間のかかわりも変えてきた。

かつては、出張でも私用でも遠出するときには、職場に泊まり先のホテルや電話番号、ファクス番号を必ず伝えていた。一年三六五日二四時間、仕事から完全に離れられないようで、最初はとても窮屈だった。

休暇中、自分が書き置いてきた原稿が大きく掲載されることになった場合、たいてい夜中までデスクと頻繁にやり取りすることになる。原稿が社内で多く人の目に触れ、チェックが入り、印刷工程に回るまでブラッシュアップが続くからだ。休暇で旅行中だったら、宿屋でゲラも確認しなければならない。夜中、旅行先のホテルで何回もファクスを取り次いでもらいながらロビーで作業したこともあるし、小さな宿の廊下にある公衆電話から小声でやり取りをしたこともある。

いまは、会社とのやり取りを宿泊先の電話やファクスに頼ることがない。行き先や泊まり先の連絡も緩くなった。国内なら、どこにいてもスマホですぐに連絡が取れる。

ポケベルが通じないところや携帯電話の「圏外」が減っていったように、普通に生活していると、スマホのアンテナが立たないところはめったにない。かつて、会社との通信手段をいかに確保するかに知恵をしぼり、コストをかけたが、いまや、連絡の取れないところに行くことのほうが難しい。「首輪」が強固になった。近年「働き方改革」が声高に言われ、休みの日や夜中にはなるべく連絡しないようになってきたのが救いかもしれない。

記者になったばかりのころ、ベテラン記者が、県内各地に駐在する記者は夕方に電車やバスで運ばれる「便」で原稿用紙に書いた記事を県庁所在地にある支局に送ると、あとはデスクにお任せだったと言っていた。その昔、新聞社は伝書鳩も使って写真や原稿を本社に送っていた。不便の極みだが、そんな時代を体験してみたかったと思う。

大学の学生寮に住んでいたとき、親からの連絡は手紙か寮の呼び出し電話だった。電話の受付時間も決まっていた。めったに連絡はしなかったけれど、電話や手紙もめったに来なかった。

きっと「便りがないのは良い便り」と構えていてくれたのだろう。

ポケベルや携帯電話は、会社からつけられた「首輪」だった。通信機器の発達と普及とともに、スマホで友人や家族とも必要なときにいつでも連絡が取れるようになり、身内からも、あるいは友だちからも、「首輪」をつけられているような生活になってしまった。

5 脱スマホが信頼関係をつくる!?

通勤電車で周囲を見回すと、スマホをいじっている人ばかりだ。座っていれば、眠っている人も多いが、本や新聞を読んでいる人は少数派。スマホがないころは携帯電話でメール、それもないころは本や雑誌、新聞を読んでいる姿をよく見かけた。みんなスマホで何を見ているのだろう。

のぞき込むわけではないけれど、手の動きやたまたま目に入ると、ＬＩＮＥでやり取りしている人、ゲームをやっている人やマンガを見ている人が目につく。通勤・通学の暇つぶしにはよいのかもしれない。新聞を開いている人はめったにいなくても、通勤時間帯は新聞社のサイトへのアクセスが増えているから、通勤電車がニュースをチェックする場であることは変わらないだろう。

参考書や単語カードで勉強する高校生の姿は昔と変わらない。そんな高校生もときおり、スマホで何かチェックしている。周辺から話しかけられず、「ひとり」になれる空間だった通勤・通学電車も、外部と常につながっている空間になった。

社会とつながりを持ちながら、スマホを持たない生活は難しい。自由業や、勤め先の拘束が少なく仕事の自由度が高い人ほど、脱スマホはやりやすいだろう。とても忙しく仕事をしている大学の先生や作家で、スマホばかりか携帯電話を持たない、あるいは使わない方を何人か存じ上げている。いずれも素晴らしい仕事をしている人たちだ。

京都大学総長の山極寿一さんは、対談本『山極寿一×鎌田浩毅　ゴリラと学ぶ——家族の起源と人類の未来』(ミネルヴァ書房)で、「スマホは使ってないし、携帯もほとんど使ってない」と語っている。携帯は持っていても出ないことを知っているから大学の事務の人もかけてこない、という。パソコンにメールがたくさん届くが、「読まないのも結構あるんです」。相手が困ったらまた問い合わせてくるだろう、と考えて、絶対いま返事しないといけないものだけに返事しているらしい。

急な連絡ができない方々と仕事して、いつでも連絡をとれる、「つながっている」意味を考えさせられた。

新聞でインタビューや寄稿をお願いするとき、印刷間際の最終確認が必要になる場合があるから、携帯電話の番号を教えてもらう。相手は、言葉や文章を大切にしている方々だから、わずかな文字数の調整や誤記と思われることの細かい修正であっても、確認のために連絡を取りたいからだ。夜になって、そうした事態が起きることも珍しくない。

スマホも携帯電話もメールも使わないという女性の識者に「新聞製作の最終段階で緊急に確認させていただきたいことが発生したら、どのように連絡をすればよろしいでしょうか」と尋ねると、「そのときは、お任せします」ときっぱりと言われた。ちょっとした衝撃だった。

インタビュー時の話し方、まとめるまでのやり取りで、とても繊細な感性を持ち、表現のひとつひとつを大切にしていると感じた方だったからだ。仕事の流儀なのか、それまでのやり取りで心配ないと思っていただいたのか不明だが、いまでも印象に残っている。

改めて思い返すと、携帯電話が普及していなかったころ、そうした取材相手と連絡が取れなくなるとき、「あとはお任せください」「細かいことはお任せします」と言い合える人間関係をつくろうと、いまより努力していたように思う。原稿を寄稿していただいたとき、インタビューをまとめたとき、主張が真っ向から対立していて一字一句確認をしなければいけないような相手でもないのに、夜中のギリギリの時間まで誤字を直す確認までするような人間関係しか築けないのは、記者としての姿勢や力量の問題であると思えてくる。

スマホや携帯電話を持たない生活をしている人たちは、そうでない人よりも、たぶん、許容する範囲が広く、人に判断を任せられることが多いのだろう。メールも携帯もなかった時代と状況は同じだ。そのころは、互いに細かいことにはこだわらず、行き違いに対する許容度が大きかったのかもしれない。

私生活でも、行き違いを容認したり、相手のことに考えを巡らせたりする場合が多かった。友だちと駅で待ち合わせて、約束の時間に現れなくても、しばらくは本でも読みながら待っていたし、数人での待ち合わせだったら、早く来た仲間と話が弾んだ。ガールフレンドの家に電話をかけるときは、まず親が出るから緊張したし、取り次いでもらうように話し方には注意した。互いに待ち合わせに遅れるかもしれないと最初からわかっていれば、待ち合わせ場所を書店にした。

いまならＬＩＮＥやメールですぐに連絡できるから、待ち合わせに遅れそうになって帰られたどうしようと、電車の中で焦ることもない。一方で、長く待ち続けて相手が来るのか不安になったとき、遠くにその姿を見つけた喜びも感じることができない。

便利だけど、世知辛いご時世になった。と、言えばそれまでだけれど、常に連絡がとれる状態ではなかったころは、人間関係のつくり方にいまとは違った工夫が必要だった。それが、信頼関係をつくっていくことにもつながっていたと思う。

さて、スマホの利用を通信用にしぼっても、仕事でもプライベートでもさほど困らなかった。一方で自分にとっては、ネットやスマホの発達で、とても便利に使っているのが地図の機能。グーグルアースが登場したときは感動したし、ストリートビューも重宝した。これらの利用を控えたらどうなるのか、この便利な機能を使うことで失ったものはあるのか。

第4章

便利さで失ったもの

小説や映画にもなっている羅生門跡へ行ってみたら「がっかり」。
ネットで下調べしすぎると、良くも悪くも「予想外」の楽しみが減る

1 脱ストリートビュー

想定外や思い違いの連続

転勤で京都に住むようになって、早々に行きたいと思っていたところのひとつが嵐山の渡月《とげつ》橋だった。修学旅行や社会人になってからの京都旅行でも訪れる機会がなかった。サイクリングがてら渡月橋を渡って、天龍寺や大覚寺あたりをめぐりながら、嵯峨野の静かな休日をのんびりと楽しもうと考えた。

渡月橋まではJR京都駅近くの自宅から一〇キロほどの距離。住み始めてすぐ、土地勘を養おうと自転車で適当に走り回り、桂川沿いに「京都八幡木津《やわたきづ》自転車道」という全長四五キロにも及ぶサイクリングロードを見つけていた。「嵐山・渡月橋」までの距離を示した案内標もあったから、行けることは間違いない。天気のよい休日に向かった。

渡月橋は大雨で流されそうだというニュースが頭の片隅に残っており、きちんと調べもしないで、山の中にあって雅やかだけど華奢《きゃしゃ》な橋と勝手に思い込んでいた。川沿いのサイクリングロードをさかのぼると、遠くから時代劇にでも出てくるようなレトロな橋脚が見えてきた。あれが渡月橋か。想像より大きそうだなどと思いながらペダルをこぐ。

実際の渡月橋は、華奢どころではない。大型の観光バスが行き交う堂々とした橋だった。肩が触れあうほどの観光客で賑わっている。橋の真ん中で自転車を停めてのんびり風景を楽しもうと思っていたが、そんなことをすれば邪魔者だ。周辺には土産物店や飲食店が立ち並び、たいへんな混雑、まるで夏の軽井沢のようだった。「嵯峨野でゆっくり散策」という雰囲気ではない。

出かける前に、グーグルマップのストリートビューで要所の風景を確認しておけば、想像とはまったく違うということにならなかったはず。もちろん、ガイドブックや関連のサイトで調べていても、大まかな状況はすぐにわかっただろう。

イメージとは違って少しがっかりしたけれど、自分の想像との違いが面白くなってきた。自転車を走らせ、天龍寺に向かう。これまた勝手に、林の中の道にひっそりと建っていると思い込んでいた天龍寺も、外国人観光客でごった返していた。あまり混んでいない季節や時間帯に出直そうと思い、今度は大覚寺へ向かう。大覚寺は修学旅行の中学生たちで賑わっていた。境内や大沢池のまわりを歩くと、どこか見覚えがある風景ばかりだ。時代劇のロケに使われてきたお寺だとわかった。風景を記憶に残して後で確認してみると、池のほとりの小道が江戸の町はずれであったり、門が武家屋敷の門であったりした。

大覚寺の拝観券には祇王寺《ぎおうじ》との共通券があった。歴史にも京都にも詳しくないのでどんなところか知らなかったが、せっかくなので行ってみる。拝観者が多いものの、混雑で二の足を踏むほどではない。庭で苔の写真を撮り、座敷に座ってじっと庭を見た。パンフレットを読むと、「悲恋の尼寺」。平清盛の寵愛を受けた白拍子《しらびょうし》(歌舞を舞う遊女)の祇王をめぐる物語が書かれている。当時のままではなくても、建物も庭もたたずまいも趣がある。「穴場を発見した」と思った。

さらに周辺を自転車で走り回ると、落柿舎《らくししゃ》を見つけた。元禄の俳人向井去来の遺跡だという。修学旅行の女子中学生たちがたくさんいる。拝観料が安いのかなと思って、のぞいてみた。ここも悪くない。テレビ時代劇「水戸黄門」のロケにも使われたらしく、案内板もある。また、「穴場を発見した」と思った。

帰宅後に調べてわかったのだけれど、どちらも有名な観光スポットだった。「穴場」と考えたのはまったく愚かなことだった。周辺は、日本のどこにでもある田舎の風景、住宅街や水田の間に、とても有名な名所旧跡がある。そんな風景も、出かける前には考えてもいなかった。その違いが楽しい。おおげさに言うと、行ってみてわかる「想定外」が初めての土地を訪ねる醍醐味だ。

旅の楽しみは意外な体験

旅の最も大きな楽しみは、「非日常性」や「意外な発見」だと思っている。住んでいる場所から離れた見知らぬ場所で日常の生活や仕事のことを忘れて、ゆっくりとくつろぎ、出かける前には想像していなかった風景を見る。通りがかりに気になった店で食事をして、それが当たりでもはずれでもいい。意外で印象に残る体験が大きな楽しみだ。

ストリートビューは、出張や旅行の下調べで重宝していた。仕事では目的地までの道順を確認したし、旅行では泊まろうと思う旅館がどんな雰囲気の場所にあるのか、寄ろうと思っている観光地の雰囲気、休憩場所に考えている道の駅の名物やそこから見える景観も調べていた。とても便利だけれど、多用すると、訪れたときの驚きや新鮮さがどんどん減ってしまう。そんなことを考えて、しばらく前からストリートビューを見るのをやめた。

必要に迫られれば見るかもしれないが、プライベートの旅行、とくにひとりで見知らぬ土地を尋ねるときには、よほどのことがないかぎり使わないだろう。見なくてもまったく行動に差し支えはない。そもそも、わずか一五年前には存在せず、誰も使っていなかった。

旅行に出かける前に、修学旅行や遠足の際のように「栞」をつくれるほど下調べをして、貴重な機会だから、近くにある名所を見逃すことがないように計画を練るのもいい。失敗は減らせる。でも、初めてのデートじゃないのだから、失敗してもいいじゃないかという思いのほうが大きい。思い起こすと、デートのとき念入りに下調べをしたレストランよりも、間違えて入った寿司屋で値段にびっくりして、ちょっぴり食べただけで這々《ほうほう》の体《てい》で出てきたことのほうが強い印象に残り、懐かしい思い出になっている。

夏に京都から奈良に足を延ばして、ＮＨＫの番組「やまと尼寺 精進日記」で有名になった桜井市の音羽山観音寺を訪ねた。麓からだいぶ歩いて登らなければいけないと聞いていたが、地図で見ると平面距離で一キロほど。田舎の裏山に比べたら楽勝だと思ったら、急な上り坂で三〇分以上かかってしまった。

あとで聞くと、その道もストリートビューでたどれるという。それを見ておけば、びっくりするほどの急坂が延々と続くことがわかったから、靴や飲み物も十分に備えて、覚悟して登っていただろう。だが、万全の準備をしていたら、油断して登ったら大変だったことや、境内のすすぎ場の水で渇きを癒せたという経験はできなかった。

京都では、平安京の御所の周辺、修学旅行の訪問先の候補にもならない羅生門跡にも行ってみたいと思っていた。訪れてみると、平安京ができたころの内裏周辺には普通の住宅地が広がっていた。羅生門跡も、住宅街で見かけるありふれた児童公園になっていた。事前にストリートビューやインターネットで知っていたら、わざわざ行かなかっただろう。

でも、行ってみて「がっかり」のほうに裏切られた経験は、多くの人が訪れ、あるいは写真や映像を見ている「当たり」の名所旧跡よりも、雑談のネタになる。金閣寺や銀閣寺は、多くの日本人が行っている。でも、羅生門は名前を知っていても行ったことがある人は少ないだろう。行こうと思った経緯、なかなか見つからなかったこと、たどり着いて落胆したことなど、失敗談は話題にしやすい。

近年、神社仏閣で御朱印をもらう人が増えている。御朱印帳を手に行列している光景を見かけるのも珍しくない。宗教的な目的があるのかもしれないけれど、集めること自体が目的化している気がする。

「始めませんか」とお寺で勧められたこともあるが、丁重にお断りした。たしかに、スタンプラリーのように御朱印を集める楽しみもあるだろう。でも、自分が集め始めると、それが目的になって、狙いの寺社を最短時間で歩き回りそうだ。そうなると、目的地を点と点でつなぐ旅になり、そこでの経験や途中の経路を楽しむ余裕がなくなる。

ネットで現地の確認をして、写真や動画も見て行けば、事前の情報を「答え合わせ」するだけの旅になってしまう。そんな指摘をどこかで読んだ。そのとおりだと思う。

インスタ映えがする写真も撮れるだろうし、著名なスポットを見落とすこともないだろう。その楽しみ方は、予想との違いを楽しむことと対極にある。大覚寺に行く前に、自分が見た時代劇の舞台になったことを知っていたら、その場所をいちいち確かめる「答え合わせ」をしていたにちがいない。

名所総ざらいの駆け足旅行の無意味さは経験済みだ。高校の修学旅行のとき、京都で一日だけ班別の自由行動があった。どの班も女子が計画を立てていた。そこで、どこでもいいけれど盛り込みすぎはやめようとだけ希望を伝えた。ところが、自由行動で巡ることになったのは、平安神宮、金閣寺、龍安寺、銀閣寺、三十三間堂、清水寺。後年、関西出身の友人に話したら「無茶だ」と大笑いされた。いまなら、自分もあきれ果てる。これだけ一日で回っても、それぞれの寺で最も有名な場所を確認するだけの駆け足。最後はタクシーを使って回った。

一方で、気に入って何回も訪れている観光地や何回も泊まっている宿もある。意外感も想定外もない。心身が疲れているときは、はずれではないことが確認できている宿に滞在して、ゆっくりしたいと思うこともある。非日常感覚は薄れるが、行くごとに少し足を延ばす先を変えてみれば新鮮な体験もできる。ついでに足を延ばした先は、その地域であまり有名ではない場所、自分が関心を持たなかった場所で、一回しか訪れない有名な観光地ばかりを巡るのとは違った意外感もある。

2 GPSに頼らない

道に迷うのも楽しみ

いまカーナビやスマホには、全地球測位システム(GPS)を使って、自分の居場所をピンポイントで画面に表示する機能がついている。最初にカーナビを使ったとき、こんな便利なものができたのかと感動した。スマホの地図アプリでも、GPSの機能を使うと非常に便利だ。京都に引っ越したばかりのころは、市内を自転車で走り回っていて現在地がわからなくなったとき、自分の居場所をすぐに確認できて重宝した。

電車に乗っていて、沿線で気になる建物、山や湖などを目にしたときも、スマホで現在地が確認できれば、地図アプリを使って、たちどころに建物の名称や、山や湖の名前が判明する。関西周辺の鉄道に乗ると、見る景色がみな初めてで珍しく、一時期は車窓からの眺めとスマホの地図を交互に見ながら、何を見ているのかを確認していた。だが、これもあまりやりすぎると、確認する行為自体が目的になってしまう。何回か続けると味気なくなって、地図アプリを使って車窓から見えるものを確認するのをやめた。

どうしても気になった建物や山は、最寄りの駅や目印となる建物とともに覚えておくか、手帳にメモをして、家に帰ってから地図やネットで検索して調べる。そのついでに、地図で近隣になにがあるか確かめてみると、たとえば城跡があることがわかり、次に電車に乗ったときに車窓から確かめてみようと思う。ＧＰＳ機能を使わなければ、使わないなりの楽しみ方がある。

意図していたわけではないけれど、ＧＰＳ機能を使わなかったことで、大阪に転勤してばかりのころ、「何回も道に迷う」という経験を久しぶりにした。

転勤から一週間ほど、ＪＲ大阪駅から徒歩で一〇分少々の中之島にある会社まで、最短時間でたどり着けなかった。出張で来たときに地上を歩いて向かっていたから、道順はわかる。しかし、道路を歩いていると、通勤時間帯なのに妙に人が少ない。多くの人たちが地下道を歩いていることを知らなかった。

それを知ってから、地下を歩くことにした。慣れれば当たり前の通勤路。大阪駅の桜橋口から地下道に入って、地下鉄西梅田駅の方向に向かい、そのまま四つ橋筋の地下「DOTICA（ドーチカ）」を突き当たりまで行き、地上に出て堂島川にかかる渡辺橋を渡れば。会社に着く。実に単純だ。

ところが、当初はドーチカにたどり着くのが容易ではなかった。まず、電車を降りてJR中央口から出て地下に入ると、どちらに向かえばいいかわからない。何と言っても「わかりにくさ日本一」「巨大な迷路」と言われるほど複雑で有名な梅田地下街だ。

山村育ちだから、初めての場所を歩くとき、遠くの山を目印にしたり、太陽の位置を確認したりで、方向感覚をつかんできた。都会に出てきてからも、離れていても確認できる建物や鉄道の高架などを目印にして方向を把握するのを常としてきたから、地下街は天敵だ。しかも、相手は最難関の梅田地下街。

にもかかわらず、方向感覚には多少の自信があったから、甘く考えて案内表示もよく見ないで、「だいたい、こんな方向だろう」と思って歩いていくと、確実に間違えた。直角に交わっていない複数の地下道を歩くうちに方向感覚がつかめなくなってくる。しかたなく地上に出て、見覚えがあるビルを探して見当をつけて、中之島方面に向かっていた。

スマホでGPS機能を使って確認したり、地図を丁寧に調べたりしておけば、最初から最短距離で会社まで行けたはずだ。でも、少し遠回りになっても、五〜一〇分ぐらい余分にかかるだけだ。毎朝行き当たりばったりで向かっているうちに、地下街をうろうろしていることが面白くなってきた。大阪駅前第一ビルの隣に大阪駅前第二ビルがあり、さらに隣に大阪駅前第三ビルがあり、大阪駅前第四ビルを「発見」したときには、ちょっとした感動。昭和の香りがする飲み屋や食堂がビルの地下に延々とあって、「ディープ大阪」と勝手に思った。

「道に迷う」という体験。永六輔さんが「知らない街角を曲がると、それはもう旅」と言っていた。そのとおりだ。これまでに一五回引っ越しをしている。新しい街に住み始めたとき、それがストレスになる人もいるが、自分にとっては引っ越してしばらくは毎日が探検だ。梅田地下街では小さい朝の「旅」を楽しめた。たぶん、負け惜しみの気持ちも含まれているけれど。

見逃しは「次の楽しみ」

「脱スマホ」で地図アプリを使わないことにしてから、少し前に訪れた場所の近くに、実は有名な観光スポットや自分の好みの場所があったことを知ったことがある。嵯峨野に最初に行ったときは、化野《あだしの》念仏寺の存在を知らず、あとでポスターを見て是非行きたいと思い、二回目で足を延ばした。

「知っていたら行っていた」という残念な体験は、以前からある。なかには、たぶん一生訪れることがない場所もある。これまでは見逃しがあると悔しかったけれど、最近はむしろ、そんな場所が一つ二つ残っているのも悪くないと感じている。

あるとき、駅のホームで新幹線を待つ初老の夫婦が、「あの店は次の楽しみにしておきましょう」と話し合っているのを耳にした。きっと、少なからぬ人びとが「残念」を「次の楽しみ」に転換しているのだろう。一期一会と考えて十分に下調べをしていく楽しみもあるけれど、「次の楽しみ」という余韻に浸り続けるのも旅の楽しみであり、生き方の楽しみでもあるだろう。

関西に転勤したばかりのころにつくった「在任中に行ってみたい場所リスト」も、現実的に考えてみれば二～三年では全部回ることなどできない。行きたくても一生行けない場所は、いくらでもある。永遠に訪れなかったとしても、行ったときのことを想像して、あれこれ考える「次の楽しみ」だっていい。

指示されるままに

カーナビも非常に便利だ。行き先の番地や目的施設の電話番号を入力すれば、地図の中から探す必要もなく、ピンポイントで目的地が設定され、いくつかの候補ルートが提示される。言われるままに、高速道路に乗り降りして、信号を曲がって進めば、目的地に到着できる。到着予想時刻も常にわかるし、周辺にあるガソリンスタンドや公共施設、飲食店、コンビニの場所も教えてくれる。指定された曲がり角を通り過ぎても、常に目的地に向かうルートを示し続けてくれるから、道に迷って焦ることもない。

カーナビの性能や設定にもよるのだろうが、目的地を設定して走っていると、良く知った街では、奇妙な案内をされて無視するときがある。ということは、見知らぬ街で地元の人なら通らないルートを走らされていることもあるはずだ。

旅行中に宿泊予定施設に近づき、道路沿いに宿の位置を案内する看板を見つけ、看板を頼りに進んでいたら、なぜか住宅街の細い道に入るようにカーナビに指示され、そこを通り抜けて、宿泊施設に到着したことがある。翌日、出発したときは広い道を伝って、ごく自然に国道に出ることができた。目的地が見えてきても、カーナビの指示どおりに走っていれば間違いないと思い、ちょっとした遠回りをしてしまう。

それがわかっていても、たとえば出張先でレンタカーに乗っていて、同乗者がいて道を間違えると迷惑をかけそうなときには、カーナビの指示に従ったほうが「無難」だと考えてしまう。先に右折専用車線があれば、左に寄るし、周辺の車も同じタイミングで左に寄る。

こういう走り方を続けていると、自分でルートを設定してドライブをしているというよりも、自分がカーナビの付属品となって、カーナビの命令するとおりに車を走らせている気持ちになってくる。

気まぐれでルートをはずれて景色が良さそうな方向に進んだりしても、カーナビは常に新しい「正しい道」を教えてくれる。それを続けていると、最初の予定にないルートを走る「想定外の行動」であっても、結局、カーナビの手のひらの上で踊っていると自虐的に考えてしまう。

それに、走った軌跡はカーナビに記録される。レンタカーを借りたときは、秘密にするような経路を走っていなくても、消去してから返却している。スマホでもカーナビでも、自分の行動がずっと記録されているのを気持ち悪く思う人は少なくないだろう。スマホでの行動記録が、何かに利用されないとも限らない。自分のスマホでも業務用のスマホでも、ＧＰＳ機能はほとんど使わずに過ごしてきた。

ただし、たとえＧＰＳ機能を切っていても、近くの基地局につながっており、大まかな居場所を把握し続けることは可能だから、電源をオフにしなければ意味がないだろう。それを考えれば、気にしすぎても仕方がないと思うようになり、スイッチを入れている利便性を選びたくなる。

近年、コンビニや街角の防犯カメラを警察が入手して、逃走中の容疑者を追跡するのが、通常の捜査手法になっている。スマホを所有していなくても、どこからか監視され続けているから、スマホのＧＰＳ機能を使うか使わないかは大差がないかもしれない。以前は、新幹線を降りて改札を通り抜けたときに、こちらを映すカメラの放列をかなり不快に思った。ところが、最近では、こちらから確認できる位置にカメラがあるだけでもマシかと思い、さほど気にならなくなっている。

歴史学者のユヴァル・ノア・ハラリ氏が「新たな監視技術の進歩で、歴史上存在したことがない全体主義的な政府の誕生につながる」と二〇一九年の朝日新聞のインタビューで指摘していた。それが実際に起きるかはわからないが、ＧＰＳ機能のような便利さに頼らずに行動できるようにしておくのは、災害時や非常時にスマホが使えなくなることも考えれば、ちょうどいい訓練になるだろう。

3 昔はどうしていた

説明能力が必要だった

いまや、GPS機能を使った移動が当たり前になっているが、少し前まではカーナビもスマホもなく、車の運転をして街も歩いていた。

カーナビに誘導されないドライブは、地図と道路の案内、経験が頼り。見落とし、そのときの気分による経路の選択も加わったから失敗も重ねたが、印象深い経験もあった。渋滞を避けるために、小高い山を越えようと山道を走っているうちに、方向感覚がおかしくなり、なぜか元の場所に戻ってしまったことがある。おとなしく渋滞を我慢していたほうが早く目的地に着けた。でも、「あのときはキツネにでも騙されたのだろうか」と、年月が経っても同行者と一緒に不思議がる話題になっている。

カーナビがないころ、友人たちと初めて行く場所に遠出するときは、誰かがロードマップを持って助手席で道案内をした。抜け道や気の利いた休憩地点を知っていると、ちょっと仲間に自慢できた。逆に案内を間違えると、からかわれた。地図を見ながら、近道と思われる経路を探し、逆に手間取ったこともある。

住宅工事現場の下働きのアルバイトをしていたときは、バイト先の社長から、現場への生き方を口頭と手書きの地図で教えてもらい、トラックかワゴン車を運転して向かった。手書きの地図には、一本の線で書いた道路と曲がるべき交差点の名前や目標となりそうな建物が簡素に示されているだけ。口頭でも「この交差点を曲がってしばらく行けば、左側に工事現場が見える」といった簡単な説明だった。

「行けばわかる」と言われても半信半疑だったが、バイトの学生が大勢出入りしていたからか、「道を間違えたかと思っても、もう少し我慢して走っていれば看板が見える」など、説明も手慣れていて、道に迷って困った記憶はない。このときに知った裏道や経路の伝え方は、遊びに行くときも、友だちに道を教えるときも重宝した。

そのバイトでトラックを運転しているとき、往復車線とも渋滞になると、反対車線のトラックの運転手とどこから渋滞しているか教え合った。こちらが不慣れそうな様子を見て大声で迂回路を教えてもらったことも、夏の暑い日に冷たいコーラを窓越しに投げてもらったこともある。知らなかったら絶対に入らないような古びているけど安くてうまいラーメン屋も教えてもらった。いまなら、カーナビで渋滞を抜けるまでの時間を想定でき、迂回路も探せるから、そんな運転手同士で交わされるやり取りも減っただろう。

高校生のころ、こんな失敗もした。初めてひとりで上京したときのことだ。よく小説やエッセーに出てきた「神田の古本屋街」なるところに行ってみたかった。古本屋どころか本屋さえない山村に育った田舎の本好きにとって、「神田の古本屋街」は聖地。おずおずと山手線の神田駅に降り立った田舎の高校生は、そこに古本屋が立ち並ぶパラダイスを想像していた。もちろん、見回しても古本屋街はない。

薄暗いガード下で途方にくれた。初めての街で迷ってはいけないと思いながら、あまり遠くまで行かずに駅の周辺を探し回ったが、飲み屋街やらオフィス街だった。

交番で尋ねもせず、「古本屋街というのは、戦前の文豪たちが闊歩していた時代にあったもので、いまはなくなったのだろう」と勝手に思い込み、諦めてしまった。すぐあと、別の用事で水道橋駅で降りて、神保町方面に歩いていたら、何軒も古本屋を見つけた。「神田の古本屋街」はなくなっても、古本屋はたくさんあるじゃないか、さすが東京と思った。それが「神田の古本屋街」だと知ったのは、ずいぶん後になってからだ。

後年、この失敗談を友人らに話すと、何人もの地方出身者が神田駅で降りて呆然としていたことを知り、互いに奇妙な連帯感を持った。いまだったらスマホであっという間に解決するから、神田駅のガード下で途方に暮れる田舎の高校生はいないかもしれない。

4 「不便」は会話のきっかけ

新聞記者になってからは、初任地の群馬県内の地図をぼろぼろになるほど使った。仕事では、住所と地図を頼りに取材場所に行き着くことは必須。できないと話にならない。初めて行く場所で夜中だと、難易度はぐっと増す。住宅街の場合、番地がわかっても、なかなか目的の家が見あたらない。表札を確かめながら探すから、懐中電灯は必需品だった。

目的の場所が見つからないと、訪ねることが周辺に知られても差し支えなければ、近くにある商店などに飛び込んで教えてもらった。いまほど個人情報について神経質ではなかったから、出前や配達がありそうな寿司屋さん、酒屋さん、米屋さんが狙い目。いまなら、住宅地図とストリートビューを駆使すれば、夜中の住宅街をうろうろすることも、近所の人に尋ねることもなく、たどり着ける。

道を尋ねることは、人見知りであっても見知らぬ人に話しかける訓練になるし、事件や災害などで周辺の人びとの話を聞く「地取り」のきっかけにもなる。

駆け出し記者時代に、こんなことがあった。交通事故で通行人が死亡して、身元を示すものがない。風体から家族が呼び出され、妻が「夫です」と連れて帰って、葬儀の準備を始めていたら、遺体として安置されているはずの本人が帰ってきて大騒ぎになった。これはニュースだ。

山間部の集落にある現場に車を走らせた。

すでに暗くなっていて、通りに人気がない。電柱に地番表示もなく、番地で自宅を探すのも無理だ。雑貨屋で聞こうと近づいていくと、中から大声が漏れてくる。お客らしき男性が、お店の人にまくし立てている。

「だいたい、かかあも、俺と違う奴の見分けがつかないって、どういうことだよ」

当人だった。どうやら、腹を立てて誰かに聞いてほしいらしく、店に来ていたようだ。もちろん、そこで取材を始めた。

災害現場の取材だと、道路が通行止めになったり、あったはずの建物がなくなったりして、地図だけでは行きたい場所に行き着けない。「橋が渡れない」「通れなかった道路が応急補修で乗用車だけは通れるようになった」といった最新情報は、現場で聞いて回るしかない。その手間を惜しむと、他社の記者が到着できた場所にたどり着けない。道路の情報を誰かに尋ねたとき、周辺で被害が大きかった場所を教えてもらうことだってある。

ＧＰＳ機能をはじめ地図情報のシステムが発達し、通行止めや解除の情報が短時間で反映されるようになっても、災害時にはそれに頼り切れない。地元で顔を合わせた情報交換が必要なのだ。道を尋ねることは、話をするきっかけになる。

休日に、お目当ての飲食店の近所まで来たけれど見つからず、通りがかりの人に尋ねて、その日が定休日だと教えてもらい、お薦めの別の店を教えてもらったこともある。「この道は混んでいるから、こっちを通ったほうがいい」「行列しているからだいぶ待つよ」と親切に教えてくれる人もいる。逆に、自宅近くを歩いていて、店や名所を尋ねられて答えられず、あとで調べたら、実は近くに有名な飲食店や面白そうな施設があると知ったことも何回かあった。

多くの人びとがGPS機能つきのスマホを使って、目的地に一直線に行ってしまうと、道を尋ねることから広がるコミュニケーションが減る。その結果、道を聞いたら、ついでに教えてもらえるかもしれない地域の最新情報を得る機会が減っている。

そのうち、道を尋ねることが、「不必要に話しかけてくる怪しい行為」になるようにさえ思える。

5 写真の撮りすぎ

臨戦態勢の無数のカメラ

スマホのカメラ機能の性能が向上して、写真も動画撮影も身近になった。とても便利だ。

スマホカメラの機動力を見せつけられた出来事があった。二〇一八年に横浜で開かれたシンポジウムで、コーディネーターを務めたときだ。基調講演をした小泉進次郎衆院議員を紹介する司会者が「撮影、録音はご遠慮ください」と付け加えるのを聞き、小泉さんは「全然構わないのだけどな」とつぶやいて登壇した。

「司会の方は気を使って撮影を遠慮するように言いましたが、私に関してはまったく差し支えありません」

すると、瞬く間に、会場中からスマホで撮影するシャッター音が鳴り響いたのだ。政治家らしい盛り上げ方にも感心したけれど、記者顔負けの素早さで撮影体制に入り、写真を撮る人のあまりの多さに驚いた。シャッターチャンスを逃さないように、大勢の人が臨戦態勢にあるようだ。

街角でも、珍しいものがあると、スマホを掲げて写真を撮る人びとを見かける機会が多い。ほとんどコストはかからないから、「インスタ映え」しそうな写真を撮るのにも便利だ。

ＳＮＳでネット上に出回る事件や事故、災害現場の写真も増えた。アップされるタイミングも早い。現場の様子がよくわかる写真だと、テレビ局や新聞社から報道に使わせてほしいという連絡が入る。

もともと、火災現場の写真は、よほど大きな火災でないかぎり、記者が現場に駆け付けたころには消えていることが多い。だから、見物している人たちに「写真を撮った人いませんか」と聞いてまわり、撮影者がいればフィルムを貸してもらい、社に戻って現像して報道に使い、後日お返しに行っていた。いまは、現場に出向かなくても現場写真が入手できる。ＳＮＳを使って取材に応じる人を探すこともできる。

しかし、いまでも現場に行かなければ直接取材はできない。その場の様子、目撃者の話、事件や事故の背景や原因など、ネットで手に入れた情報ではわからないことだらけだ。

提供された写真の撮影者にお礼を言いに行くことは、手間だけれど、普段は接しない人と話をする貴重な機会でもある。そうした場での雑談で、日ごろ不満に思っていることを説教混じりに聞かされ、そこから記事につながる情報を得ることもできた。たぶん、営業活動も同じだろうが、誰かにちょっとした世話になるときは、お礼を通じて結びつきを強めるチャンス。手間をかけることは、無駄ばかりではない。

増えた写真、薄れた記憶

仕事でもプライベートでも、デジタル機器の性能向上とともに、写真を撮る枚数が圧倒的に増えた。「いちおう撮影しておく」という写真は、とても重宝しているけれど、それによって見失っているものも増えているように思える。

写真フィルムを使っていた学生時代、フィルム代がかかるから、仲間との旅行でもむやみには撮影せず、「記念写真」を集合撮影した。フィールドワークでも、少ない枚数で必要な情報が得られるように、アングルをよく考えて、フィルム代を節約した。記者になってからは、撮影枚数は格段に増えた。大量のフィルムを常に持ち歩き、事件の現場や街の話題の写真を撮りまくった。

新聞に掲載するだけに、迫力ある現場、人びとのいい表情を撮りたい。下手でも数多く撮れば、一枚ぐらいは良い写真になると考えた。手を掲げて高い位置から撮影したり、しゃがんだり、露出を変えたり。それでも、よい写真が撮れず、「もっと枚数を撮れ」と叱られた。

ただ、フィルムを現像して印画紙に焼き付ける手間がかかるから、「メモ代わり」という撮影はあまりしなかった。たとえば、取材に必要な情報が紙で書かれて掲示されている場合、それを撮影しても、急いで原稿を書くときは現像と焼き付けをしている時間的な余裕はない。だから、メモをしっかりとっていた。いまなら写真に撮って、それを見ながら原稿を書くのも容易にできる。

写真の撮りすぎが悪影響も及ぼしていることは、フィルム時代から薄々、感じていた。写真に撮らずに、現場での観察に集中することで見えてくるものもある。たとえば選挙の投開票日の候補者事務所の取材。たいていは一人で事務所に行って、写真も記事も両方をこなす。勝利したときの万歳写真、あるいは敗北したときに頭を下げる写真を確実に撮り、そのうえで勝利か敗戦の言葉をメモしなければならない。とくに、万歳や落選で頭を下げる場面のような一発勝負の写真撮影に神経を集中する。

全国的に注目された一九九二年の衆院群馬二区での補欠選挙の取材のときは、東京本社からカメラマンが応援に来た。選挙の結果がわかり、敗北した女性候補者が壇上で泣き崩れた。撮影の心配はないから、そのときの本人や選対幹部の表情をしっかりと観察できた。そこに「候補者に責任なし」という大声が後ろから聞こえた。振り返ると声の主は「票読みのプロ」と言われた選対関係者だ。

形勢が悪化した終盤、姿をくらまして取材できずにいた。一段落した後に、つかまえて発言の真意を尋ねた。堰を切ったように、表からの取材ではわからない内輪のいざこざ、戦略の問題まで語ってくれた。

いつも、そううまくいくわけではないが、自分の目でしっかりと観察をしていれば、現場でしか知ることができないことが、いくらでもある。ところが、写真を撮る枚数が増えると、観察がおろそかになりかねない。

二〇〇四年のスマトラ沖地震で取材に行ったインドネシアの津波被災地でも、写真をたくさん撮った。いま見返すと、確かに津波で破壊された建物や陸に打ち上げられた船、建物の土台だけが残った街並みの様子で、被害のすさまじさは知ることができる。

しかし、印象に強く残っているのは、それらではない。カメラを向けなかった犠牲者であり、家族の話をしてくれた助かった老婆の手であり、親と一緒に苦労して続けてきたレストランが流された場所で「屋台から出直す」と言って若者が拾い上げた小さなスプーン。さらに、現地に行った人なら誰でも体験したであろう、遺体の特徴ある臭いだ。

生物多様性の取材で二〇〇九年にマダガスカルに行ったときは、行く先々で写真は撮ったが、カメラマンが一緒だったこともあり、「感じる」ことを意識してみた。

夕暮れ、バオバブの巨木を見つめながら吹いている風を感じ、家畜や虫の鳴き声に耳を傾け、色が変わっていく風景を目に焼き付けた。そうしたときにとったメモは、その場所を記事に描写するときに役に立つ。短い文や見えたもの、聞こえたものが書いてあるだけでも、その雰囲気で感じたことや考えたことを思い出すのに役立つ。一言のメモによって、頭の底から覚醒される現場のイメージが、写真より鮮明に現場を言葉で再現するのに役立つ場合もある。

二〇一一年の東日本大震災での東北の被災地の取材でも、撮影した写真より、カメラを向けることをためらった対象から受けた印象のほうがずっと強い。砂の上にあった大きな広口のガラス瓶の中には、三分の一ほど残ったラッキョウが日の光を浴びていた。海岸付近の林の中には、英語が書かれた単語カードやプラスチックの電車のおもちゃがあった。それらをじっと眺めながら、持ち主は助かったのかを考えた。壊れた建物の写真も津波のすさまじさを物語るが、失われた生活の悲惨さは日常の品々から強烈に伝わってくる。

こうした取材場所は、おそらく二度と行くことはない。行ったとしても、当時と雰囲気はまったく変わっている。将来、追体験できない現場に立ったとき、撮影や録音、メモだけではなく、五感すべてで感じとることが、仕事での出張でも私的な旅でも貴重な経験になる。

撮影禁止の効用

プライベートでも、撮影する写真の枚数は増えた。京都で初めて訪れる寺社仏閣でも、撮影可能な場所を聞いて、つい写真を撮りまくる。そして、帰宅してから、それを再び見ることはほとんどない。年末になって年賀状に使えそうな写真を探したり、後になって本や新聞、テレビで、訪れた場所について新しい情報を得たとき、「どうだったろうか」と確認したりするぐらいだ。

それでも撮影してしまうのは、ひょっとしたら後で仕事に使えるかもしれないと思うことと、年老いたときに懐かしく見直すかもしれないと思うからだ。でも、よく考えれば、仕事で使うことはまずない。過去、私的に撮影して仕事に使った写真といえば、東日本大震災前に訪れた津波被災地の写真ぐらいだ。被害の前後を見比べてもらうために使った。京都の有名な観光地が地震や風水害で被害を受けたときに、被災前の写真として使えるかもしれないが、そんな写真は地元で取材している記者が山ほど撮っているだろう。

観光地を巡っていると、「写真撮影禁止」という場所がある。

そうしたところでは、目でしっかりと見て頭の中に刻みつけるしかない。拝観料を払ったから「元を取ろう」と思う気持ちがどこかにあるのか、枯山水にある石の意味をパンフレットと見比べながら確認し、塀の向こうに見える借景や建物の造りを一所懸命、記憶しようとする。

安心して好ましい時間が過ごせるのは、以前に行って写真もたくさん撮った場所を再び訪れるときだ。お寺の庭を見るのが好きだから、気に入ると再訪する。そのときは、よほどでないと写真撮影はせず、縁側に座って、ゆっくりと庭を自分の目で眺め、池の鯉を目で追い、鳥や虫の鳴き声を聞き、吹いてくる風を感じとることができる。

大徳寺塔頭《たっちゅう》の大仙院は、庭も含めて写真撮影が禁止されている。ずいぶん前に訪れたときには撮影可能だった。有名な枯山水も撮影したし、いまは立ち入れなくなった場所で、お寺の方に記念撮影していただいた。禁止した理由を尋ねると、勝手に撮影した写真を商用に使う例があったからだという。

大仙院は好きなお寺だから、京都に転居してから何回か訪ねている。週末の座禅に参加したこともある。座禅が目的だから、「拝観料分を楽しもう」と血眼になって庭を眺めることもない。座禅が始まるまでのしばらくの時間、夏だったから扇子で涼を取りながら、のんびりと庭を眺めていた。セミの声が聞こえ、涼しい風が吹き抜けてくる。汗が引き、扇子も必要なくなり、ぼんやりと庭の砂紋をながめていた。構えるわけでもなく、いま、ここにいて、この空気を何となく感じていることが貴重な時間だと感じた。

たまに、そこで過ごした夏の夕暮れを思い出す。ひょっとしたら、写真撮影を禁止したのは、商用の利用だけが理由ではなく、撮影に気を取られることなく、この空間を身体で感じてほしい、という意味を込めているのかもしれない。そう思う。

第5章

時間の使い方

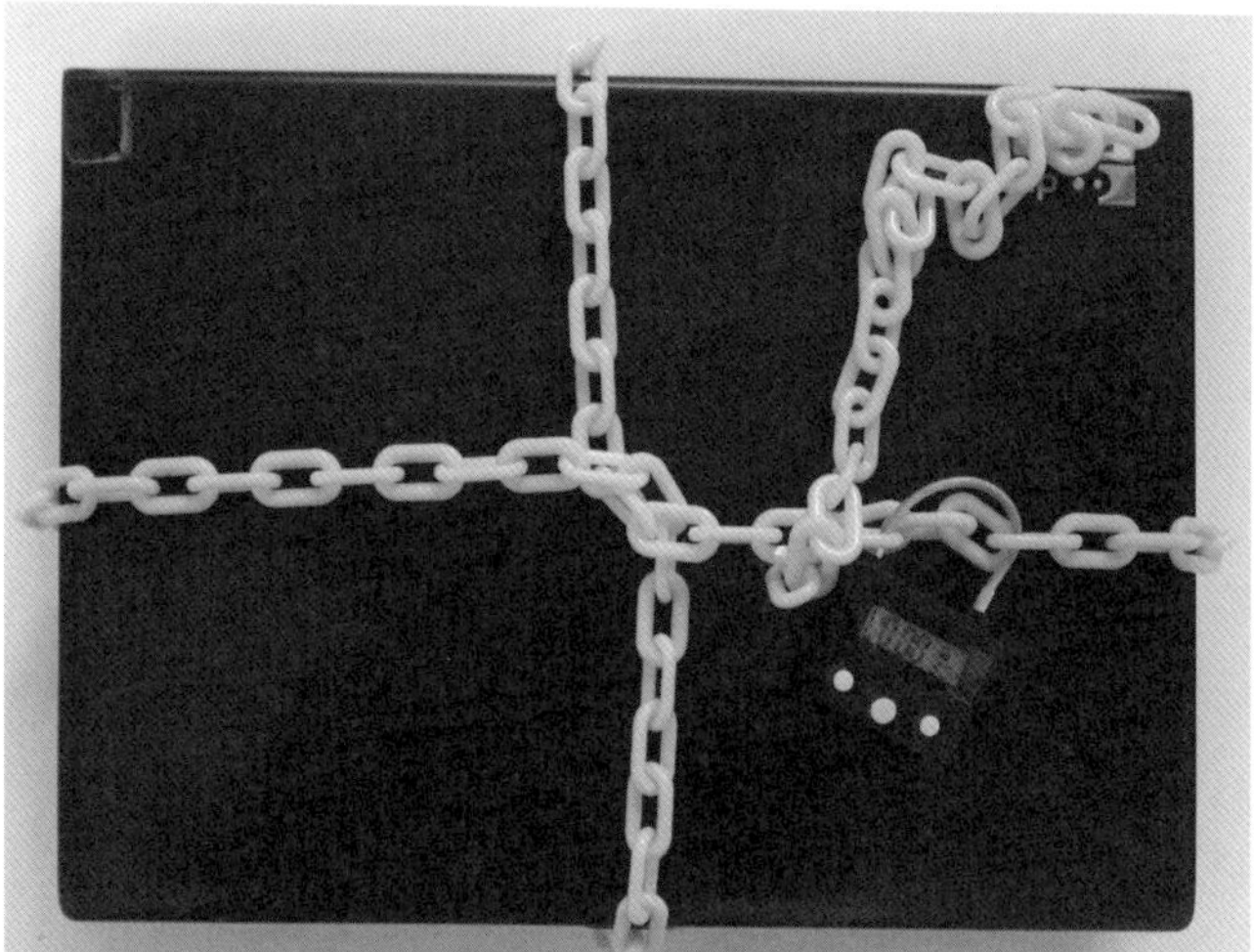

タイマー付き南京錠で一定時間使えないようにしたパソコン

1 遅い電車の活かし方・楽しみ方

通勤は普通電車で

通勤で京都駅から大阪駅まで乗っているJR京都線。この間の営業キロは四二・八キロ。けっこうな距離があるが、各駅に停車する普通電車で五〇分、快速なら三六分程度、新快速なら二九分しかかからない。運転席の後ろから線路を見ていると、直線でスピードを出せる区間が長い。これで時間を稼げるようだ。

出勤時は、急いでいるときは別として、なるべく普通電車に乗って本を読んでいる。通勤時間帯の新快速は京都に着く前に満員だから、まず座れないし、混雑のなかで立ったままだと本を読みにくい。快速は時間帯とタイミングによっては座れ、各駅停車は確実に座ることができるから、落ち着いて読書できる。

普段の生活で読書をしている時間帯を思い起こすと、平日は通勤や外出時に電車に乗っている時間が一番長い。東京から大阪に転勤したとき、京都に住むことにしたのは、週末と朝晩だけでも京都の生活を体験したかったのに加えて、読書の時間を少しでも多く確保できると思ったからだ。単身赴任の同僚たちの多くは、会社から歩いて通えるところに住んでいる。

自宅で本を読んでいると、音楽を聴いたり、パソコンをネットにつないだり、他にできることが多いから、気が散る。その点、「スマホを極力使わない」と決めた後の通勤電車では、他にできることも少ないから、読書に集中しやすい。

仕事後は、疲れて早く帰宅したいときは新快速に乗るけれど、帰りも相当な混雑。一方、快速や普通電車はすいていて、乗ったときに座れなくても途中で座れる。時間帯によっては高槻から京都まではガラガラで、ゆっくりと読書をしながら、気持ちものんびりして気分転換できる。

電車内で周囲を見ると、京都―大阪間は、新快速よりも普通電車、通勤のピークよりも少し早い時間帯のほうが、本を読んでいる人が目につくように思う。混雑する新快速は、本を開きにくい物理的な制約もある。出勤時間帯、京都―大阪間でずっと普通に乗る人は少ない。京都から乗ると、一駅目か二駅目で降りる人が多い。途中の駅から乗った人も新快速や快速が止まる駅で降りて、乗り換えて行く。

しかし、注意してみていると、周辺の乗客が入れ替わっても乗り続けている人がいる。座って眠っていて、大阪まで眠り続けて降りる人も見られる。通勤時間が貴重な睡眠時間でもあるのだろう。あまり多くないが、座って本を読み、自分と同じように大阪まで乗り続ける人もいることに気がついた。通勤に少し余分に時間がかかっても、普通電車でゆっくりとした時間を確保したいと思っている人が案外少なくないのかもしれない。

転勤した当初は、ほとんど新快速に乗っていた。読書の時間をさらに捻出するために、快速や普通電車を多用するようになったのだから、いっそ、読書を目的として電車に乗ってみてはどうだろう。そう考えて、読まなければいけない本がたまっていた休日に、決行することにした。とはいえ、いくら定期券を持っていても、京都と大阪を往復するだけではつまらない。

大回り乗車

そんなとき、鉄道マニアの友人から教えられた「大回り乗車」を思い出した。東京や大阪などの周辺に設定されたＪＲの「大都市近郊区間」では、隣の駅まで行くのにわざと逆方向の電車に乗って遠回りしても、改札から出ないかぎり、料金は同じというルールがある。たとえば、東京駅から隣の有楽町駅に行くのに、山手線を反対回りに乗っても同じ料金だし、同じ駅を通らなければ、もっと遠回りして千葉県や埼玉県方面を回ってきてもいい。どれだけ長距離を乗れるかは、「乗りテツ」の腕の見せどころのようだ。

そこで大阪近郊区間を調べ、「読書のための乗車ルート」を考えた。まず、京都駅から琵琶湖の西岸を走っている湖西《こせい》線で近江塩津《おうみしおつ》まで行き、北陸本線で米原《まいばら》へ。そこから東海道線で草津、草津線に乗り換えて柘植《つげ》、関西本線に乗り換えて加茂、さらに大和路線で新今宮、大阪環状線で大阪に行き、最後に京都線に乗って京都駅の隣の西大路《にしおおじ》駅で下車する。

朝八時過ぎに乗車して、京都府から滋賀県、三重県、奈良県、大阪府をまわって京都府に戻る。午後四時ごろまで八時間ぐらいかけても、運賃は京都－西大路間の一三〇円。改札から出られないから、昼食は弁当を持参するか、ホームの立ち食いそば屋だ。大きな駅ならば、改札内に本屋も喫茶店も食事ができる店もある。

隣の駅に行く移動だと考えれば、八時間近くかけるのは不効率で、時間の無駄だけれど、車窓からの風景を眺める小旅行でもある。冷房や暖房の効いた部屋での読書時間と考えても、とてもお得だ。その気になれば、もっと長距離・長時間のルートもある。

冬の土曜日、おにぎりを作り、本を数冊持って乗り込む。ときおり琵琶湖の風景などを見ながら、読書を楽しんだ。ただ、天気がとてもよかったことが、逆に問題だった。初めて通る場所で、車窓からの景色が珍しい。柘植駅は忍者の絵だらけ。案内に「伊賀上野へは1番乗り場から加茂行きに乗り換えるでござる」と書かれていた。改札から外に出られなくても、駅や車窓からだけで十分に楽しめる。普通列車だから、観光気分にならず、ひたすら読書に集中できると思ったら、案外そうではなかった。

それでも、読書に集中しようとしていると、賑やかな一行がいるのに気づいた。初老の男女のグループ。四人掛けの席で、おしゃべりをしながら、お菓子を食べたりお茶を飲んだりしている。気が散ったけれど、すぐに降りるだろうと思っていた。ところが、近江塩津まで降りず、がやがやと北陸本線に乗り換えてきた。草津線に乗り換えても一緒だ。乗り換え時間が短い駅では、急ぎ足で移動している。

ここに至って、そのグループも大回りで旅行をしていることがわかった。グループの女性が連れに「あの人、どこかで見た気がする」と話している声が後ろから聞こえてきた。注意してみると、ほかにも湖西線で見かけた気がする若い男性もいる。たぶん、乗り換えの待ち時間が少なく、長い距離を乗車できる乗り方は、そうは多くないのだろう。秘密の読書電車の旅を発見したつもりでいたが、隠れた「定番」のようだった。

新幹線はじゃまが入らない「仕事部屋」

大阪に転勤になってから、東京と大阪の間を頻繁に行き来している。会議などで東京に行くことが思いのほか多かった。

そんなとき思い出したのは、年間二〇〇回ほど講演に駆け回っている知り合いの大学教授の話だ。講演以外にも活発に社会活動をしており、大学での研究や学生の指導、会議もある。どのように時間を捻出しているのか不思議だった。尋ねると、移動中を最大限活用しているそうだ。新幹線で行き来する時間は、来客や電話で仕事を中断させられることなく、原稿を書くのに最も集中できるという。バスや自動車での移動中、講演の待ち時間も、活用しているようだった。

そこで、東京―新大阪間の往復は極力、仕事時間にあてることにした。のぞみで二時間半、ひかりなら三時間程度だ。窓際に座ってパソコンの電源をつなぎ、車内Ｗｉ－Ｆｉを接続する。

隣席が空いていたら、カバンを置いて資料や書類を出し入れしやすくできる。のぞみに乗って、下りなら新横浜、上りなら名古屋を発車したとき二人がけで隣席の乗客がいなければ、気遣いすることもなく、仕事に集中できる。読書してもいいし、寝てもいいけれど、東京―新大阪間を、邪魔が入らず、他にできることも少なく気が散りにくい時間と考えれば、原稿を書くような集中力が必要なことに活かさない手はない。

のぞみではなく、ひかりを使えば、もっとその時間を増やせると考えて、たまに使う。ひかりは、ちょっと別世界。外国人旅行客が多い。外国人向けのジャパン・レール・パスは、のぞみでは使えないからだ。さらに、各駅停車のこだまを使えば、その時間はもっと長くなる。新大阪から東京へは一時間に一本走っていて、約四時間かかる。

四時間もかかるのでは不便だし、時間をもてあますのではないか、と思いながらも、試してみた。停まった駅では、たいていのぞみが追い越していくから、数分間の停車も多い。これを待ち時間と考えれば、時間の無駄と思うだけだ。以前、こだましか停車しない駅から乗ったときは、停車時間の長さにイライラしたけれど、新幹線を単なる移動の手段だけではなく、「動く書斎」と思えば、停車時間だって貴重になる。

高速で走る新幹線では、パソコンで原稿を打つことや読書は不便ではないが、紙に字を書くとなると、揺れて書きにくい。このとき、ちょっと長い停車時間がうまく使える。また、仕事や休憩のペース配分もしやすい。原稿を書くのに疲れて、休憩したり、本を読んで気晴らししたりするときに、たとえば「掛川駅から静岡駅まで休憩」と決めれば、めりはりをつけやすい。

そうやって過ごしていたら、新大阪から東京までの四時間もあっという間で、仕事もはかどった。それから、たまにこだまを使っている。作業をするときのポイントは、気が散らないように、窓際に座ったらカーテンを閉めて外が見えないようにすることだ。

通勤電車や新幹線で読書や仕事をしなくてもいいのだけれど、別にやることがあると、どうしても安易なほうに流れがち。目の前に誘惑があると集中できないのは、受験生だった昔と変わりがない。職場では自分のペースだけで仕事ができるわけでもない。

スマホの利用を限定して、電車内でできることが少ないという不便な状況をつくりだし、しかも、各駅停車や新幹線ではひかりやこだまに乗ることで、自分が必要とする時間を長くすることができた。早いことが常に最適とは限らない。一般的に考えれば「不便」であっても、目的によっては実は「便利」なこともあり、新しく見えてくるものだってある。

平日に仕事を終えて、疲れて早く家に帰りたくて、大阪駅から新快速に乗ったとき、読書もする気にもなれないと、新快速のほうが早いはずなのに、「なかなか着かないなあ」と思う。移動するだけだと、実際には短くても、退屈で長い時間になってしまう。電車の中の時間は、過ごし方で長くも短くもなる。スマホを開いて一心不乱にゲームする人も、ラインでやり取りする人も、マンガを読みながら過ごしている人たちも、きっと通勤時間は短いのだろう。

2 携帯やスマホに毎日二時間

案外少ない「仕事」時間

自転車や徒歩でのゆっくりとした移動、電車での移動時間の有効利用を考えていると、時間の使い方が気になってくる。どんなに技術が発達しても、一日が二四時間であることは変わらない。技術の発達や制度の改革で、自由に使える時間が増えればいいけれど、その逆に進行しているような気がする。

仕事もがんばりたいし、余暇も楽しみたいから、無駄なく時間を使いたい。とはいえ、仕事でも、余暇であったとしても、朝から夜までフル回転していたら疲れるし、そんな集中力もない。さらに、休日に「ゆったりとした時間」を過ごすことも必要だ。

自分が、どこで何をしている時間が多いのか、計算をしたことがある。

災害担当の記者を長く続けてきたから、大きな地震が発生すると、休日も夜中も関係なく出勤してきた。休日に自宅からもあれば、夜の飲み会の席から慌てて会社に戻ることもある。それが強く印象に残るのかもしれないが、オフタイムに遭遇する場合が多い気がしていた。

そこで、大きな地震が起きた曜日や時刻を調べてみた。気象庁が顕著な被害があったとして命名した地震は、阪神・淡路大震災以降、一一回起きている。平日の昼間は二回だけで、残りは土日や祝日か、平日の夜や早朝だった。偶然ではない。自分が何をしている時間が多いのか分類すると、必然的な結果だった。

地震が起きやすい時刻が決まっているわけではないから、どこにいるときに地震が起きる可能性が高いのかは、どこにいる時間が長いのかを考えればいい。生活時間の調査をひもときながら計算してみた。

総務省の二〇一六年の社会生活基本調査によると、有業者の仕事時間は一週間平均で一日あたり男性が六時間五三分、女性が四時間五四分。通勤時間はそれぞれ四三分と二五分。厚生労働省の二〇一九年の就労条件総合調査では、一年間の休日は平均約一一五日だ。

単純化して「年間の休日が一一〇日。平日は八時間勤務、通勤に往復計二時間、外出が一時間。休日は五時間外出。睡眠が七時間」と想定してみる。すると、一年のうち、勤務している時間は二三%にすぎない。もっと働いている人も多いから、休日を年間八〇日、平日は一〇時間勤務として、計算してみた。それでも、勤務時間は三三%だった。

勤務時間が半分を超えるのは、休日が五〇日、平日は一四時間勤務というぐらいの激務のケースだ。よほどのブラック企業でもなければ、勤務時間が、それ以外の時間を上回ることはない。だから、勤務時間外に地震に遭う可能性のほうが、ずっと高い。大地震が起きたときに、急な出勤を余儀なくされるほうが普通なのだ。

仕事人間だと思っていても、仕事時間は存外少ない。職場にしばられず、自分が自由にできる時間は案外多い。

でも、その自由であるはずの時間を有効活用しているのだろうか。

もちろん、仕事以外に、家事や育児、介護などをしなければいけないから、完全に自由に使える時間は人によって違う。その自由に使える時間を、スマホやインターネットが着実にむしばんでいるように思える。

スマホで友人たちと「つながる」ことを大切に思う人もいるし、自宅で深夜までネットゲームで楽しむことを生きがいとする人もいるだろう。それを自覚して、自分はそこにたくさんの時間を使うという確固たる意思を持っているならば、何も言うことはない。でも、「つい」、だらだらとＳＮＳを使ったり、スマホをいじったり、ネットでゲームをしているなら、もったいない。

一三年間で一一倍に

博報堂ＤＹメディアパートナーズメディア環境研究所の「メディア定点調査」によると、テレビや新聞など既存メディアの接触時間は減っているが、携帯電話やスマホの接触時間はそれ以上に増えており、全体としてメディアへの接触時間は増えている。その分だけ、他のことに使われる時間が減っているわけだ。

この調査は、東京、大阪、名古屋、高知の四地区を対象にした郵送調査で、有効回答は約二五〇〇人。テレビ、ラジオ、新聞、雑誌、パソコン、タブレット端末、携帯電話とスマートフォンに接触した一日あたりの時間を見ると、二〇〇六年の調査では計五時間三五分だったが、一九年は六時間五一分に増えている。一三年前と比べて、毎日一時間一六分も別のことに使っていた時間が減った。テレビ、ラジオ、新聞、雑誌の接触時間は軒並み減っており、圧倒的に増えたのが携帯電話やスマホ。二〇〇六年にわずか一一分だったのに、一九年には一時間五七分になった。この調査では、毎日二時間近くも費やしている。

また、世代別のスマホ利用時間を総務省の二〇一八年度「情報通信メディアの利用時間と情報行動に関する調査報告書」で比較してみた。すると、インターネットの平均利用時間は、一〇代と二〇代のモバイル機器(携帯電話とスマホ)を使ったネット利用が突出して多い。

平日は一日あたり全世代平均で一時間一三分だが、一〇代は二時間一五分と二倍、二〇代も二時間三分だ。休日は全世代平均でも一時間四八分に増える。そして、一〇代は四時間二分、二〇代も二時間五七分、使っている(図1参照)。これらは使っていない人も含めた平均だから、使用者に限ると利用時間はさらに多くなる。

がらりと変わった生活時間

スマホに吸い取られている時間、昔は何に使っていたのだろう。

図１　2018年度のモバイル機器によるインターネット平均利用時間（全年代・年代別）

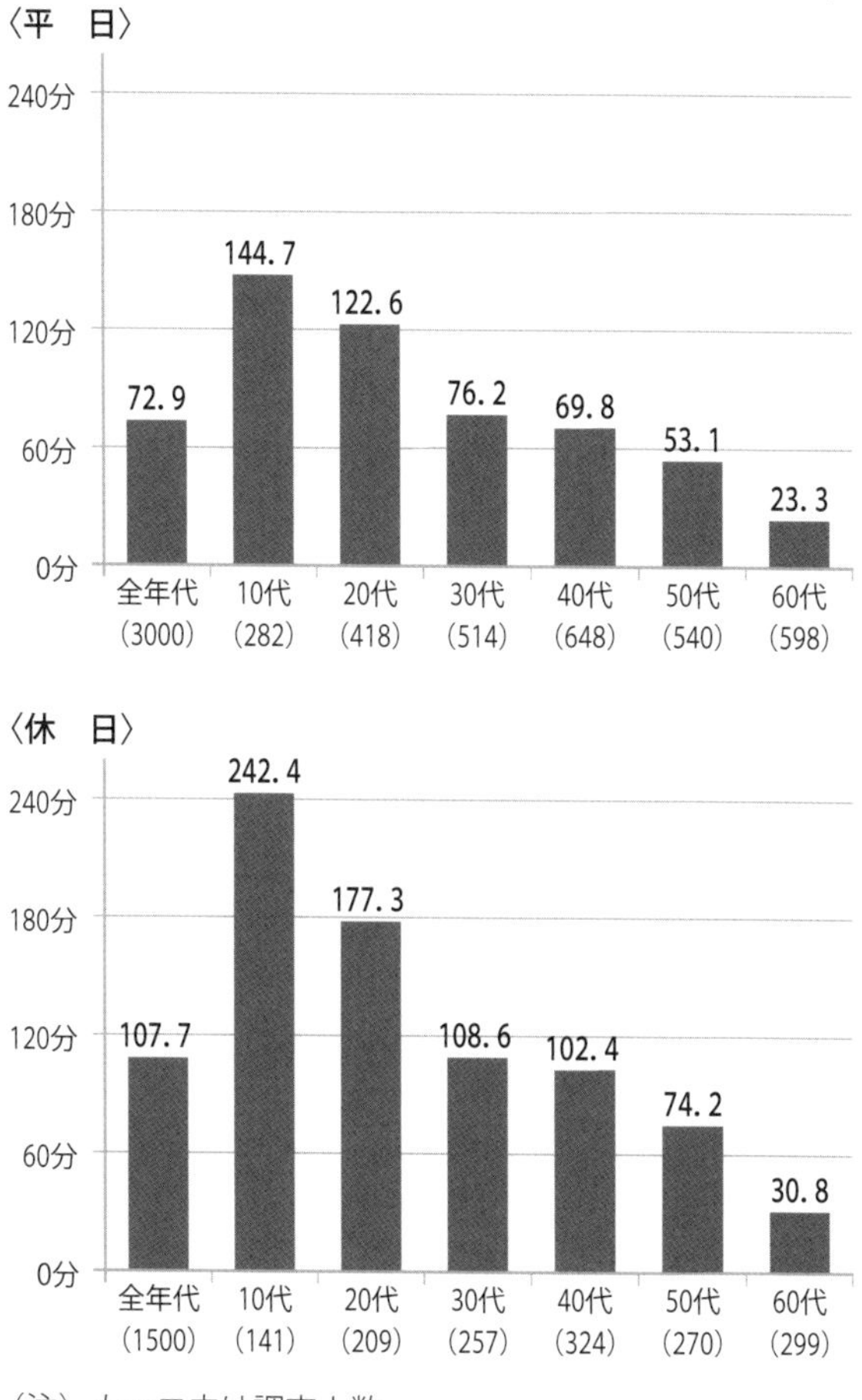

（注）カッコ内は調査人数。
（出典）2018年度「情報通信メディアの利用時間と情報行動に関する調査報告書」総務省情報通信政策研究所、2019年。

ＮＨＫ放送文化研究所が五年ごとに行っている「国民生活時間調査」をひもといてみた。この調査では二〇〇五年以降、「趣味・娯楽・教養」のなかから「趣味・娯楽・教養のインターネット」を独立させている。そこで、二〇〇五年と直近の一五年を比較してみた。

すると、「趣味・娯楽・教養のインターネット」が、二〇〇五年には国民全体の平均で平日一三分だったのが一五年には二八分に倍増。さらに、土曜日は一八分から三八分に、日曜日は二〇分から四三分に増えている。しかし、二〇一五年で、そんなに短いのだろうか。

一〇代男性は日曜日に一時間三五分で、二〇〇五年の二七分の三・五倍、女性は一時間一二分で、〇五年の一八分の四倍になっている。若者の利用状況も想像より少ない感じがするが、一〇年間でかなり増えたことは間違いなさそうだ。

その後のスマホの普及を踏まえると、さらに増えているとみていいだろう。総務省の通信利用動向調査によると、個人のスマホ保有率は二〇一五年の五三・一%が一八年には六四・七%になっている。

次に、何に使った時間が増減したのかを追ってみる。

二〇〇五年と一五年の平日で、テレビの視聴時間は三時間二七分から三時間一八分に減り、新聞を読む時間は二一分から一六分に、雑誌・マンガ・本を読んだ時間も一三分から一二分に減った。睡眠時間は七時間二二分から七時間一五分に、食事は一時間三五分から一時間三六分になっている。家事の時間は、成人男性が四六分から五四分に増え、成人女性は四時間二七分から四時間一八分に減少した。それでも、男女の格差は依然として大きい。

「会話・交際」の時間は、二〇〇五年と一五年を比べると、平日が二〇分から一四分に、日曜は三四分から二八分に減っている。男女とも、どの世代でも減少傾向にある。顕著な傾向はわかりにくいが、電車の中などでのＬＩＮＥなどでのやり取りの活発さを見ていると、知人とのコミュニケーションが減ったわけではなさそうだ。

時間の使い方を追ってみて、改めてネットを使ってのやり取りが増え、人とのつきあい方も変化してきたと感じた。

顔色を見ながら話す内容や話し方を調整するのと違って、ネットでは自分が送った情報を相手がどのように受けとめたかがわかりにくい。反応するまでの時間、スタンプや絵文字の微妙な使い分けで、読み取れることもあるのだろう。でも、つい送ってしまったメール、ＬＩＮＥでのちょっとした発言で、突然、人間関係が悪化することもある。いつでも連絡が取れて便利だが、面と向かっていたことで得られた顔色や話し方、間の取り方といった情報が得られない。

思い起こせば、高校生のころは対面での挨拶ややり取り、相手の視線や顔色を気にしていた。通学列車内で他校の上級生と目が合っただけで、「ガンつけた」と脅されたこともある。乗車する位置や席の取り合いでもめたこともあった。

同じ中学出身の先輩には、無視されても朝夕の挨拶を続けるのが仲間内の決まりだった。それは、無料の保険みたいなもの。上級生や他校との面倒に巻き込まれたとき、日常的に挨拶をしている上級生が助けてくれた。そんな体験は、いまになってみれば、世渡りを身につける機会でもあったように思う。

母校の先生になった同級生に聞いたら、最近は昔のような「不良」生徒はいなくなり、バイクやタバコではなく、スマホでゲームやネットに夢中になっていると話していた。昔を美化するつもりはないけれど、実際に体験することで学べたことはたくさんあった。ネットを使ったやり取りでみがいた「技」は、将来どんなことに生きるのだろうか。

3 便利な道具が時間を奪っていく

パソコンは生産性を上げているのか

仕事のやり方を革命的に変えたパソコンだが、その普及が仕事の大切な部分の効率を逆に下げたと考えている。

確かに、パソコンやネットは便利な道具だ。これらの使用で、資料やデータを集める効率が高まった。原稿や書類を手書きするより早いし、直す作業も簡単だ。メールでの連絡は、電話と違って相手が不在でも用件を伝えられる。相手も自分の都合に合わせて返事を書くことができる。

一方で、パソコンに向かっている時間、なかでもメールを書いたり、ネットで検索したりに、ずいぶんと長い時間を使うようになっている。それらがすべて、必要な作業というわけでもない。パソコンに向かっていれば、何となく仕事をしている「気分」になる。だが、そんな「忙しい」時間を過ごした後、自分が何をやったのかを思い返すと、かかった時間の割に捗っていないことが、ときどきある。恐ろしいのは、何にそんなに時間を費やしたのか、なぜ時間がかかったのかさえ判然としないときがあることだ。

電話とメールを比較すると、電話は会話の勢いで、乗り気ではない仕事をつい引き受けてしまうことがあり、メールは言葉がきつくなって不用な摩擦を引き起こすこともある。それぞれに短所や長所がある。最近は仕事でも私用でも電話をもらうことが減った。

電話は、相手が不在ならばかけ直さなければならないが、相手が出れば用件を伝え、その返事を聞き、お互いに疑問点も確認できる。一回の電話で、複数回のメールのやり取りをこなすことができる。口頭での会話だから、間合いや口ぶりから相手の気持ちを察して、伝える内容や話し方を変えることも自在だ。

メールだと、相手が誤解せず、また失礼にならないように文面を整えるため、けっこうな時間がかかる。五分の電話ですむ用件のために、お互いに一〇分以上かけて書いたメールをやり取りしていることもあるだろう。

遠方の同僚と共同で仕事をする場合、互いに非常に忙しいときや、仕事が大詰めになったときは、メールよりも電話のやり取りが増える。それだけ、単位時間あたりに処理できることが多く、共同の意思決定が円滑にできるということだ。

とても忙しい人にメールを出したら、挨拶のたぐいは一切抜きで、二〜三行で用件だけ伝える返信メールを受け取った経験はないだろうか。そんなメールを見るたびに、メールに奪われている時間というのは、無視できないと実感する。メールは必要最小限の内容で済ませると割り切ればいいけれど、こちらからお願いする場合や目上の人が相手の場合、文章は丁寧になる。しかも、相手が忙しいだろうと察して、なるべく短い文章で用件を誤解なく伝え、失礼がないように書こうとすると、さらに時間がかかってしまう。

また、パソコンをネットにつないでいると、余計なことに使う時間が増える。

つい、どんなニュースが流れているのかが気になり、ニュースを読み始めれば時間があっという間に過ぎていく。原稿を書いているときも油断できない。たとえば、統計の数値を確認しようとする場合、ネットで時間をかけずに調べられるので検索してみる。すぐに見つかって、原稿の執筆に戻れればいい。だが、なかなか見つからず、結局あとで調べようと思って原稿に戻ると、書こうと思っていた文章を忘れていることがある。探しているデータが見つかっても、検索の途中で気になるデータを見つけて、そちらを見始めることもある。仕事が途切れるのは変わらない。

ネットが普及する前、あるいは普及しても充実していなかったころならば、原稿の途中でわからないことがあっても、後回しにして先に進んだ。調べなければならないことは、まとめて電話をかけたり、図書館や役所で資料を探したりしていた。

最近は、原稿を書いていて不明な点があっても、極力すぐにはネットで調べないようにしている。

便利な道具に「使われている」

ネットにつないだパソコンで仕事をしているとき、メールが届くと、すぐに確認したくなる。メールに目を通し、返信をしようとすると、これまた時間がかかる。

とくに、午前中の一番、頭が冴えている時間帯を、メールのチェックと返信に使うがもったいない。なるべく放置しようとしているが、実際にはなかなかできない。

外出先や休みの日に、Ｗｉ-Ｆｉが使えるカフェを選んで、原稿を書くことがある。ネットで調べものができるが、最近はなるべく接続しないようにしている。ネットにつなぎたくなる誘惑があるから、できたらネットが使えないお店にしたい。ところが、そういう店が減った。

パソコン関連では、パワーポイントも危険な道具だ。

社内でのプレゼン用の場合は、なるべくシンプルに、虚飾を排してつくる。でも一般向けの講演や大学での講義を頼まれたときは、話を聞いていただく貴重な機会だから、充実した資料をつくりたい。ところが、凝り始めると、文字や図、写真の大きさや位置、色で試行錯誤を繰り返してしまう。

さらに、強調したい部分、順序だって説明したい部分は、あとから文字や図を表示させる「アニメーション」機能を使いたくなる。これが曲者だ。その表示のさせ方の選択肢がたくさんあって、見栄えを何回も試しているうちに、どんどん時間が過ぎていく。

京都大学の山中伸弥教授が、米国留学でプレゼンテーションの重要性を痛感して、「研究は半分で、残り半分はどう伝えるか」と言っているように、相手によくわかってもらうためには、どのようにプレゼンテーションするかはとても大事。発表用のパワポを吟味するのも重要だ。

ただし、パワポの機能を駆使した小手先のテクニックで相手に印象づけるのは邪道。たまに、学会でもそういう発表をする研究者を見かける。底の浅さが見えるようで、その場では受けても、説得力を削いでいると思う。発表ツールの機能を駆使して見てくれをよくするために時間を使うよりも、論旨を練り上げ、表示する文章や図表をよく考えて厳選することに時間をかけるほうが本質だろう。尊敬する研究者が講演で言っていた。

「パワポを自分も使っているけれど、ずいぶん横着な時代になった。すぐに直せるからじっくり考えずに発表資料をつくるし、会場に来てからも自分の発表を待つ間に直している」

かつての発表用資料は発表の数日前に準備し、スライドをつくって投影していた。当日、直すことはできない。事前に、吟味してつくらざるを得なかった。便利になった分、仕事が雑になっているのかもしれない。

4　失われる熟考時間

発展しない思考

便利な道具は、人びとの手間を減らして、自由に使える時間を増やすことに役立つべきだが、必ずしもそうなっていない。むしろ、道具を使う時間が増え、最も大切にするべき創造的な仕事をする時間を減らしている。

生産性（あまり使いたくない言葉だが）も下げているように思える。付加価値を高めるための生産性が下がるのは、企業だったら利益や将来の発展につながる活動の効率が下がることになり、死活問題のはずだ。

いまの職場は、壁も仕切りもない大きな部屋に多数の部署が入っており、他の部署の様子がよく見える。顔を上げて見回すと、自席でパソコンや書類も見ず、電話もかけずに、じっと前を見ている人がいる。

一見、ぼんやりとしているようだ。何をやっているのかわからなかったが、あるとき、自分も同じようにしている時間があることに気がついた。ちょっと面倒な懸案を処理しなければならないときだった。どう判断すればいいのか、どう動けばいいのか、どんな問題が起きるのか、いろいろと考えを巡らせていた。そういえば、人事異動を検討する時期になると、そんな風に「ぼんやりしている」所属長たちを見かける頻度が増えるようにみえる。

真剣に思索を巡らせているとき、文字や画像を目で追っている余裕はない。誰もが同じではないだろうけれど、パソコンに向かってキーボードを叩いたり、マウスを動かしたりしている時間は、思考の時間ではない。原稿や書類を書いていて真剣に考えているときは手が止まり、考えがまとまれば猛烈な勢いでキーボードを叩いて文字にする。パソコンを使っている時間は、考えを深く巡らせることができないとすると、必須ではないことのためにパソコンに向かっていると、思考に使える時間を自ら捨てている結果になる。

考えを巡らせる時間が奪われるのは、パソコンを使っているときに限らない。電車の中でゲームをしたり、ラインでのやり取りを続けたりしていても、同じだろう。以前なら、電車内で本や新聞や雑誌を読んだり、中吊り広告や車窓の風景を眺めたりするのに飽きたら、仕事のことやプライベートなことなどをいろいろ考えていた。

スマホでネットを頻繁に見ていたころは、そんなことが少なかった。何か気になることがあったり、電車の中吊り広告に知らない言葉や出来事を見つけたりしたら、すぐに調べるが、調べてしまえばそれでおしまい。好奇心が満たされれば、それ以上考える必要がなくなり、思考が発展したり、あるいは奇妙なことをいつまでも考え続けたりすることもない。またスマホに目を落として、興味のあることのみで完結する自分だけ、あるいは同好の仲間だけの世界に戻ってしまう。

電車に乗っているときも、街を歩いているときも、社会との重要な接点。たまたま目に入ったことや体験したことから、通常は得られない「刺激」を受けて、そこから普段とは違った発想が広がることがある。電車の優先席にどう見ても元気そうな若者が座っていたり、赤ん坊が泣いていたり、あるいは隣の人が読む新聞や雑誌で気になる見出しが目に入ったりすれば、それをきっかけにさまざまなことを考えられる。

ワープロやパソコンが普及し始めたころ、文書が電子化され、オフィス用紙の需要が減ると予想されていた。ところが、結果は紙の需要が増えた。パソコンを使って書類をつくっても紙に印字するし、修正が生じれば印字を繰り返す。書類の見栄えをよくするための微修正や印字の失敗もある。ファックスやパソコン、メールで情報量が増え、それを印字して関係者に配れば、さらに増える。

紙なら情報を一覧できるし、手軽に使え、しかも軽い。さまざまな情報端末を持つ人にも、あるいは持たない人にも、すぐに伝えられ、きわめて「互換性」が高い。そもそも新しい機器が導入されれば、そのマニュアル用にも紙は必要になる。オフィスには、これまで以上に紙があふれることになった。

便利な工業製品ができたところで、必ずしも仕事や生活が想定されていたように効率的になるわけではない。

ネットは「一日一時間」

仕事場や自宅で心がけているのは、用のないときにはノートパソコンを閉じること。できれば小まめにスイッチを切る。

ワープロの時代は、原稿や書類を書く作業ぐらいにしか使っていなかった。社外や社内の別の部署とのやり取りは電話やファックス。パソコンのような便利な機器はなく、社内で「雑談」している光景が多かった。雑談から新しい企画が生まれた。近年では、不健康だし集まる人は偏るけれど、「喫煙部屋」がそんな存在となっている。

宇宙について最先端の研究をしている東京大学国際高等研究所カブリ数物連携宇宙研究機構では、毎日午後三時にティータイムを告げるベルが鳴り、研究者が全員、交流広場に集まる。全員参加が義務付けられている。狙いは、いろんな研究室の人たちと情報交換をして、新しいアイデアに触れ、議論することだ。普段は話をしない人から刺激を受け、新しい発想が生まれていく。多くの国の人が働くバイオ系企業を見学したときにも、どの部署の人でも使え、議論用のホワイトボードが用意されているスペースを見かけた。

仕事仲間が大勢で情報共有して議論するならば、ネットを使って複数がリアルタイムでやり取りできるＬＩＮＥなどを使っても同じだろう。けれど、実際に会って顔を合わせれば、表情や目の動きで、自分の話に相手が関心を持ったかどうかが感じられる。ホワイトボードに図を書いて手軽に議論もできる。伝えるための話術も必要、さほど意味がないジェスチャーだって理解や議論も深めることに役立つ。テレビ会議システムが発達しても、大事なときには出張して顔を合わせて会議をする。直接、顔を合わせなければ伝わらないこともある。

小学生のころ、学校で「テレビは一日一時間まで」と言われた。ファミコンゲームの全盛時代、ゲームが上手な高橋名人（高橋利幸さん）は「ゲームは一日一時間」と言った。少し年配の人ならば記憶にあるかもしれない。

近年では、「スマホ依存症」「ＳＮＳ中毒」が問題視されている。四六時中仲間と「つながって」いられるし、「いいね」やリツイートされると嬉しい。自分が発信した写真や話題がバズれば興奮する。アルコールやタバコ、極端にいえば麻薬と同じように、その魅力から逃れるのは難しい。依存症から脱却するために治療が必要なほどでなくても、自分の大事な時間が吸い取られていることは間違いない。

できたら、ネットは一日一時間にしたい。

第6章

見直される「便利すぎる社会」

ネット依存を報道する
新聞記事

1 「不便益」を研究する

コンビニを使わず、スマホも極力使わず、移動もなるべくゆっくり。「便利」な生活から少し距離をおいた生活に慣れると、さほど不便ではない。むしろ、便利すぎる生活で忘れていたもの、従来どおりの生活をしていたら知ることができなかったであろうものも見えてきた。

この生活を始めてから改めて見回すと、便利さから距離をおく、あるいはデジタル漬けの生活から離れてみる考え方や取り組み、むしろ積極的にその効用を見直す動きは、すでにかなり広がっている。スマホ依存症やデジタルデトックスといった言葉も、マスメディアやインターネットでしばしば目にする。

「不便益システム研究所」

こんな看板を掲げる京都大学の川上浩司教授は、一〇年ほど前から、不便であるがゆえにもたらされた便益を「不便益」と呼び、その研究をしている。

コンビニ断ち生活を始めるきっかけとなった「世の中、便利すぎ?」をテーマにした記事で、セブン‐イレブン・ジャパン社長の隣に、川上さんのインタビューも掲載されている。この当時は、「不便益」に強い関心を持たなかったけれど、コンビニに行かず、スマホも極力使わないという生活の考え方とも近いように思えてきた。

「不便益」とは何か。川上さんのウェブサイトでは、こう説明されている。

「『不便益』は、不・便益ではありません。不便の益(benefit of inconvenience)です」

「『人工物に囲まれた生活の弊害』に警鐘を鳴らすトレンドでも、『昔の生活に戻れ』と主張する市民運動でも、単なるノスタルジーでもなく、不便益を活用するシステムデザインの指針を研究しています」

大学の先生が学問として考えるわけだから、なかなか理屈っぽい。

たとえば、子どものころの遠足のおやつに「三〇〇円以内」と制限があると、自由に好きなだけ持って行けるよりも、半日かけてスーパーで組み合わせを考え抜くのが楽しい思い出。制限は不便だけど、制限があるから楽しめる、といった考え方のようだ。

言葉の定義を考えるよりも、実例をいくつか並べたほうが理解しやすそう。川上さんがまとめた「不便益一覧」から、いくつかの例を拾ってみる。

①フィルム式カメラ

撮影するときに、枚数が限られ、その場で出来栄えを確認できず、現像が必要で、不便なことが数多い。でも、そのおかげで印象に残ることや価値を感じるという益がある。

②そろばん

特別な技能が必要なうえ、計算に手間と時間がかかり、不便だけれど、頭脳が鍛えられ、ぼけ防止や計算能力の向上にもつながるという益がある。

③わかりにくい看板

わかりにくく、誤解を招き、失敗の可能性があるから不便だが、印象に残るし、楽しめる体験ができる益がある。

何となく、わかってきた。単なる昔の生活がいいというわけでもなさそうだ。

その考え方に興味を持ち、取材を申し込むことにした。

「不便益」を掲げる先生に連絡するのに、メールはそぐわないのではないか、墨痕鮮やかな手書きの手紙を送るべきなのかとも思ったが、そんな心得もなく、ハードルが高すぎる。京都大学のサイトにある「京大先生図鑑」に川上さんの紹介が載っており、そこにある「一日のスケジュール」という表に、しっかりと「メールチェック」という時間帯が書き込まれていた。おずおずとメールを発信すると、すぐに取材を快諾する旨のメールをいただいた。

二〇一九年一一月下旬の午後、京都大学吉田キャンパスを訪ねる。京大の正門正面にある時計台からほど近い建物の一階にある研究室で、川上さんはにこやかに迎えてくれた。

自己紹介がてら、コンビニを使わない生活、使わないための工夫、それによって発見できたことなどの話をすると、興味を持って聞いてくださり、「不便益を掲げると、いろんな人が『これは不便益ではないか』と事例を持ってきてくれる」と話された。コンビニ断ち生活で意見交換しようと思って訪ねた自分も、そのひとりなのだろう。

取材を録音する了解を得て、ボイスレコーダーをセット。ポケットに入っていたスマホをマナーモードに設定して、邪魔にならないように机の隅に置いた。「便利」なデジタル道具を並べてしまったから、何となく気まずい思いがして、言い訳がましく話した。

「便利なものを並べてしまいましたが、自分が持っている電卓は学生時代に買ったもので、もう三〇年以上使っています」

「工業製品って長く使うと、へたってきますが、使っているうちに味が出る工業製品ができないかなあ、と考えたことがありました」と川上さん。

そういえば、川上さんの自転車は息子夫婦が使っていた二台を組み合わせて使っていると著書にあったことを思い出して、自転車の話に転じた。自分がいま乗っている自転車も一〇年以上になるから共通の話題だ。自転車だって工業製品ではないだろうか。

すると、川上さんは自分の自転車について話した。

「ますますいい感じになっています。シンプルなのがいいのかな、という感じがしています。壊れたらどこが壊れたか見えますし、長く使える」

コンピューターと違って、仕組みが見えてすべてを理解しやすい自転車は、使い方によって「味が出てくる」工業製品だという。手に馴染んできた包丁やフライパンも味が出てきそうだ。工業製品のなかでも、しっかり作られた「道具」はそういうものだろう。機械でも、ゼンマイ仕掛けの時計は味わいがある。

一時期、川上さんは大学に通うのにＪＲ京都駅の隣の山科《やましな》駅で降りて自転車に乗っていた。

そのコースは東山を越えるから、谷筋の道ではあっても、小さな峠を上り下りしなければならない。何回か自転車で通ったことがあるが、毎日通うのは難儀しそうだ。だが、そんな自転車での通学から、季節の変化がよくわかるし、少し寄り道をすると昔の東海道が通っていた場所とかの発見もあると言う。この自転車通勤も不便益だ。

「回り道とか寄り道とかで、見つかるものも不便益と言っている。工学出身なので、『最適』とか『最短』というのを考えてきたけれど、そうでないものにも価値がある」

イタリア出張に出かける間際に、宿泊しようとした宿がキャンセルされたことがあるそうだ。宿の予約なしの海外出張は久しぶりだから、確保できるかどきどきしたし、とりあえず飛び込んだホテルに空き室があって泊まることができたけれど、冷房はなくて扇風機、いまどきこんなホテルがあるんだというのが新鮮だったと語る。夕食は、近所にあった地元の人が使うような変哲もない店に入ったそうだ。こうした旅は印象に強く残る。以前、パック旅行で行った北京ではバスに乗って案内されたから何も覚えていない、と話した。

なんとなく、最近の自分の生活と重なってくる。

2 「不便益」の二つの方向

不便益システム研究所は、「不便益」だけではなく、「システム」がつく。不便から出発して最終的に新しいものが得られなくても、不便益なことから論考を深めるだけではダメなのだろうか。そんなことが会う前から少し気になっていた。

たとえば、川上さんが考えた、使い続けると地図が擦れていくカーナビ。通った道が擦れていき、通れば通るほど薄くなっていく、通ったことがない道は鮮やかに残ったままだ。カーナビの普及とともに道を覚える必要が薄れ、覚える努力もしなくなってきたが、擦れていくカーナビなら覚えていかなければ迷ってしまう。これが不便益の考え方に基づくカーナビだと言う。だったら、カーナビを使わない「不便益」でいいのではないだろうか。

その疑問を投げかけてみると、こんな答えが返ってきた。

「カーナビならば運転者が道を覚えなくなるように、便利なものは知らず知らずのうちに使う人を安易な方向に導いていています。単にカーナビを使うなではなくて、それを実感させるのが『不便益カーナビ』です。なおかつ面白ければいいじゃないですか」

大学で「不便益」を掲げて、研究や学生の指導をするには、新しくつくり出した目に見える成果を示す必要もあるようだ。

「不便益には二通りあります。ひとつは物事を考える視点。便利一辺倒でいいと言っていたら、思考停止ですよ。そうでなく、回り道した楽しさ、自分で発見できる、自分でやれることで喜びもあるという側面がある。僕の師匠が不便益と言い始めたときは、ある種、哲学的な意味合いがあった。もう一方で、大学だから学生に卒業論文を書かせないといけない、そのために、ものを作るときの指針にして、工学で世の中の役に立ててみようと考えました。不便益は、ものを考える視点と、システムデザインという二足のわらじを履いています」

なるほど。単に不便なことを体験して、物事を考えればいいというわけではないらしい。

川上さんと話をしていると、便利な機械がなかった昔の話になり、つい「昔はよかったですね」というセリフがもれてしまう。

でも、不便益とノスタルジーは違う。ものを考える視点とシステムデザイン論は、どちらもノスタルジーだけでは構築できない。「昔はよかったねで、終わってはダメ」。単に昔に戻ればいいのではなく、何がよかったのかを問い直す。たとえば、昔はリサイクル社会で人糞が肥料になっていた。では、それをいま実現するにはどうすればいいのか、を考えていく。なかなかの難題。大学で研究していく意義がありそうだ。

川上さんが話してくれた、そのほかの「不便益」。助手席の方を向いているカーナビ、一日に三六枚しか写真が撮れないスマホ、写真撮影できない美術館で渡される紙と鉛筆。助手席の人が道案内すれば、会話も促す、じっくり考えて撮影することで、記憶に残るようになる、絵を模写するにはよく観察しなければならない。そんな新しい価値が見いだされる。

物事を考える視点、世の中の役に立てようとするシステムデザインという整理で考えてみると、仕分けがしやすそうだ。

不便な生活は、社会が正常に機能しないとき、どうするかを考えるきっかけにもなる。

「ひとりで生きられると思い込んでいる人が増えていくのは、社会としてまずいですよね。それができなくなったときにどうするのか。日々、不便な生活をして鍛錬する、と強調するほどではないけれど、便利なものがなくなったときのことを考える。単に便利だと享受しているだけだと、思考停止になってしまうように思う」

まさに、そこ。便利すぎる生活から距離をおこうと試み始めて、感じていることだった。

もともとは人工知能（ＡＩ）を研究していた川上さん。当時の研究の話から、いま、何でもＡＩを使っていると主張する製品やサービスが増えて、「それは、さすがに違うだろう」というものがありそうだと話が弾んだ。昨今、メディアに登場するニュースでも、情報を提供する企業や研究者が「ＡＩを使った」と言えば、記者が飛びつき、そこで言うＡＩとは何で、どのように使っているのかを詰めもせずに、記事を書き、ＡＩが見出しになる。

二〇一九年一〇月に、グーグルが量子コンピューターを使って複雑な計算問題をスーパーコンピューターよりもきわめて短時間で解くことに成功したと発表。以後メディアで「量子コンピューター」「量子技術」を目にする機会が増えた。量子コンピューターは、実用化がかなり先だと指摘されている技術で、言葉が先走りしている。かつては、ＩＴ（情報技術）という単語ももてはやされた。

「ＡＩ」「量子」と言われれば、それで納得してしまう。「よくわからないけれど、すごいらしい」と思考が先に進まない。スマホやアプリのような便利なものを使うとき、仕組みの理解までは無理であっても、それが提供されることの意味、提供者にとってのメリット、利用者にとってのデメリットまで、考えが及んでいるだろうか。これも、思考停止のひとつだろう。

不便益の二つの道は、いずれも真剣に何かを考えることにつながる。コンビニやスマホばかりでなく、日常で当たり前のように使っている便利な道具やサービスも、ときに離れてみることが必要ではないか。

川上さんの研究室を辞して屋外に出ると、短い秋の日は暮れていた。京阪電車の出町柳《でまちやなぎ》駅まで来たところで、せっかく「不便益」の話を聞いたのだから、いつも使っている京阪電車や地下鉄を利用して帰るのではなく、電車より手間取るけれど、バスに乗ってみようと考えた。しかも、適当に歩いてバス停を探したほうが、途中で新しい発見があるかもしれない。

鴨川を渡って河原町通りをぶらぶら歩き始めると、「桝形《ますがた》」と書かれた細いアーケード街を見つけた。京都アニメーションの作品の舞台のモデルとなった「出町桝形商店街」だ。二〇一九年七月一八日に起きた放火事件の翌日、商店街に追悼のメッセージが掲げられたという記事を読んでいたが、場所を認識できたのは初めてだった。商店街を一巡し、夕食の買い物をして、バスで帰宅した。

3 深刻化するスマホ依存

問題視する本や記事が次々に

インターネットやスマホへの依存が問題視されるようになって久しい。「ネット依存」という言葉は一九九七年ごろから、「スマホ依存」も二〇一二年ごろから、新聞に頻繁に登場するようになった。それが日常生活にも仕事にも悪影響を与え、デジタルやネットから距離をおこうという考え方は広まり、「デジタルデトックス」という言葉を耳にすることも増えた。

新聞記事データベースで「デジタル」と「デトックス」で検索すると、朝日、毎日、読売、日経新聞の二〇一二年以降、三二件の記事が見つかった。想像より少ない。

最初は二〇一二年七月三一日の毎日新聞「スマホ依存：考え直そう　米国で広がる『デトックス』　専門外来で治療も」という見出しの記事。二〇一二年に二本、一三年に一本、一四年に二本、一六年に八本、一七年は二本、一八年は五本、一九年は八本、二〇年は二月まで四本（一五年は〇）。傾向を断定できるほどではないが、だんだん増えてきてはいる。

二〇一五年五月の週刊ダイヤモンドは、「ネット・スマホ中毒が急増中！　デジタルデトックスのすすめ」という特集を掲載。いつでも接触できるスマホは依存症に陥る危険性が大きいこと、ネットのやりすぎによる学力低下、増える依存症患者に対して医療機関が受け入れられる人数が足りないことなどを指摘した。

また、IT企業の社長が「考察するとか集中するとかいった時間がなくなってしまう」ことから、SNSを一切やめたことを紹介している。その会社では、余計な情報の拡散を制限するためメールでCCを使わないこと、社内資料の作成に無駄な作業が増えるパワーポイントを使わないこと、議論の阻害や関係ない作業をさせないため会議にノートパソコンを持ち込まないことなどを行っていると言及。米国でデジタルデトックスが流行していることや、記者が国内のデトックスツアーに参加した体験記も掲載している。

書店の棚には、『僕らはそれに抵抗できない――「依存症ビジネス」のつくられかた』（ダイヤモンド社、二〇一九年）、『デジタル・ミニマリスト――本当に大切なことに集中する』（早川書房、二〇一九年）、『スマホ廃人』（文春新書、二〇一七年）、『デジタルデトックスのすすめ――「つながり疲れ」を感じたら読む本』（PHP研究所、二〇一四年）、『節ネット、はじめました。――「黒ネット」「白ネット」をやっつけて、時間とお金を取り戻す』（阪急コミニュケーションズ、二〇一四年）といった本が並ぶ。

『僕らはそれに抵抗できない』は、冒頭でアップルのスティーブ・ジョブズが自分の子どもたちにｉＰａｄを使わせていなかったことを紹介する。ＩＴ業界の大物たちの多くも、子どもたちのデジタルデバイスの利用を制限している。その危険性を知っているからだ。

行動経済学や心理学を専門とするニューヨーク大学の准教授である著者は、アルコールやたばこ、薬物といった物質への依存ではなく、ネットを使い続ける行動依存という新しい依存症を指摘し、スマホなどを使い続けるのをやめられなくなる心理を説明。『いいね！』というスロットマシンを回しつづけてしまう理由」「仕組まれた『ビギナーズラック』」など、依存させる仕組みを解説する。

依存してしまうのは、薬物を使ったときに脳内に起きる反応と同様の働きかけをすることで利用者を夢中にさせる仕組みが組み込まれているからだという。そこから抜け出すための方法として、わざと置き忘れることや他に気を紛らわすことを探すこと、はては手首に巻いて悪癖に手を出すと電気ショックを与える端末を使うことまで紹介される。

『デジタル・ミニマリスト』は、やはりスマホ依存の問題や構造を解説したうえで、一時的なデジタルデトックスにとどまらず、生活の中でいかに減らしていくかの道筋や、それによって得られることを説いている。著者はコンピュータ科学が専門のジョージタウン大学(米国)准教授だ。

目を引くのは、「演習」と題したＰａｒｔ2。いくつかの目標を示して、それにつながる具体的な方法を提示している。一人で過ごす時間を持つこともひとつの目標。自分の思考とだけ向き合い、思索の時間を生み出すことになると述べる。その方法として、「演習　スマートフォンを置いて外に出よう」「演習　長い散歩に出よう」「演習　自分に手紙を書こう」と、周辺の人びとの体験や歴史上の人物の行動などを引き合いにだして、その効果を説明している。

教育現場でも深刻化

二〇一五年四月の信州大学の入学式で、山沢清人学長が「スマホやめますか、それとも信大生やめますか」と話して話題になった。若い世代がスマホ依存症になっている問題に触れ、「知性、個性、独創性にとって毒以外の何物でもありません」「スイッチ切って、本を読み、友達と話し、自分で考えることを習慣づけよう」と呼びかけたのだ。

その一カ月前の東京大学の教養学部学位伝達式では、石井洋二郎教養学部長が、ネットに流れている情報をうのみにする問題について触れた。

「真実の衣を着せられて世間に流布してしまうと、もはや誰も直接資料にあたって真偽のほどを確かめようとはしなくなります」「本来作動しなければならないはずの批判精神が、知らず知らずのうちに機能不全に陥ってしまう」

ネット漬けは中高生にも広がっている。関連した新聞記事も多い。朝日新聞の記事から見出しを拾ってみる。

「ネット浸透、小中高9割　1日3時間以上　県、児童・生徒の使用実態調査」(二〇一八年三月三日、香川県版）、「スマホ漬け　脱出キャンプ　中高生ネットと28時間決別　『依存は誰もが陥る可能性』　自覚促す」（二〇一九年一一月二五日、静岡県版）。

厚生労働省の研究班は、中高生のネット依存は二〇一七年度には九三万人になり、五年前より四〇万人増えたという推計を一八年に発表している。七人に一人という状況だ。

また、世界保健機関（WHO）は二〇一九年、ネット依存のうちゲームのやりすぎで日常生活に支障をきたす「ゲーム障害」を精神疾患として認めた。

深刻さは増しており、二〇二〇年一月には「スマホ・ゲーム、平日60分まで条例？　香川、依存症対策に素案」という記事が朝日新聞大阪本社発行の朝刊社会面に載った。保護者に対して、一八歳未満の子どものスマホやパソコン、ゲーム機の使用を平日は一日六〇分、休日は九〇分までとし、中学生以下に対しては午後九時まで、それ以外も午後一〇時までにやめさせることを求めている。家庭に介入すること、学力低下とゲームの関係の根拠などに疑問の声があったが、三月に成立した。

ネットを使わない生活は、いまや考えられない。二〇二〇年度からは、小学校でプログラミング教育が必修化される。政府は二三年度までに、小中学校で児童・生徒が一人一台、パソコンやタブレット型端末を使えるようにする政策を打ち出した。

確かに、子どもたちが学校で一台ずつパソコンを使えるようにして、プログラムを開発する能力を身につけさせたり、ネットを上手に使うリテラシーを高めたりすることも必要なのかもしれない。だが、むしろネットといかに適正な距離を保つことが必要なのかを身につけさせるべきだろう。

子どものうちからパソコン浸りにして産業界で役立つ均一な人材を育てていくことが、経済成長に結びつけようとする政策であったとしても、既存の価値観にとらわれない新しい何かを生み出す人材が育成されるだろうか。むしろ、いまの教育方針は、決まった仕事を手早くできる人材を育成する方向に進んでいるのではないか。そうやって育成された人材が中心となる産業界は、きっと個性的な人材を生み出して新しいビジネスを構築できた国々の下請け仕事をするようになるだろう。

4 デジタルデトックス

さまざまな体験プラン

スマホの利用を極力減らしたが、パソコンではネットやメールの使用時間がどうしても多い。仕事で使うことがほとんどなので、減らすのは難しい。

自分が休みでも会社では誰かが仕事をしており、日々の連絡メールは届く。最近は、休日や夜間の不急のメールは極力減らそうという風潮になっているが、所属部門に一斉に流れる部内の引き継ぎや、社外からのメールは届く。多くのメールは、急いで目を通さなくても差し支えないし、返信する必要もないけれど、気になって開いてしまう。開くと目を通すし、返信や他への連絡が必要であれば書き始めてしまう。

そこで、年末年始の休暇のときにネットにまったく接しない生活を試してみたいと考えた。まず、「デジタルデトックス」を体験できるツアーがあると聞いて調べてみた。それを探すのもネットが便利である。検索してみると、いくつかのホテルやツアーが見つかった。観光地で行われるツアーが多い。日帰りも何泊かするものもある。

集合したときに、スマホやカメラ、デジタル関連機器を預け、参加者が一緒に、自然のなかで過ごしたりする。参加者への緊急連絡として滞在先の電話や主催者の携帯電話の番号を知らせてくれる。ただし、調べたかぎりでは、頻繁に開かれているわけではない。参加できそうな適当なツアーが見つからなかった。

ツアーによっては、森林浴やヨガ、座禅、ワークショップなどが組み込まれている。ネットから離れて自分と向き合うのに適しているのだろう。でも、林の中の散歩は自分でもたまに行くし、ヨガはあまり興味が持てない。座禅も京都に住んでいれば気軽に体験できる。ワークショップで共同して何かを見つけ出そうということではなく、できたらネットから離れた「孤独な時間」を一人で静かに過ごしたい。

ネットで調べた後、しばらくの間、「デジタルデトックス」ツアーの広告が延々と表示され続けた。これもネットから離れたくなる原因のひとつ。実に逆効果な広告だ。

ツアーではなく、個人で泊まってデジタルデトックス体験ができるホテルはどうか。チェックインからチェックアウトまで、フロントでデジタル機器を預かる旅館やホテルがいくつかあった。スマホが通じないというある山間部の温泉宿は、学生時代に一度泊まったことがある。駐車場から何キロも山道を歩いていく宿だった。どれも魅力的だと思ったけれど、少し遠い。時間と交通費がだいぶかかり、気軽には行けない。

近場でも見つけたが、高級リゾートホテルだった。確かに快適だと思うけれど、デジタルデトックスでなくても、そこに滞在すればゆったりした気分になれるだろう。しかも、ツアーと同じように、いろんな体験型のイベントがセットになっており、宿泊や食事代とは別に数万円かかるプランもあった。デジタルデトックスを目的に、そんな高額を払うのはためらう。不便な体験のためにコストをかける気にはなれない。

なかなか適当な体験ができないと考えていたとき、京都大学の川上浩司さんから聞いた話を思い出した。

「ひとりデジタルデトックス。どこかで読んだのだけれど、朝、家から出て駅のロッカーにスマホを入れて、その日はスマホなしで過ごし、帰ってきたときにスマホを取り出す人がいるようですよ。家に置いておくのではなく、ロッカーにしまうというひとつの儀式をとおしてやるのが、気持ちの切り替えになって効果的みたいです」

いまや「圏外」は貴重な存在

そうだ、何も「既製品」のデジタルデトックスを利用する必要はない。「便利」な既製品に頼らず、自分のやり方でネットから離れた生活をつくり出せばいいのだ。このほうが、便利すぎる生活から少し距離をおくという考え方とも合っている。要は気持ちの切り替え方である。

とはいえ、休暇中であっても災害や事故で急に出社しなければならないときもあるし、トラブルが起きて対応しなければいけないこともある。長年、会社から貸与されたポケットベルや携帯電話、スマホを持ち歩いて、首輪をつながれたような生活をしてきたから、休暇中であってもネットから離れるのは不安だ。「メールで連絡つきません」と宣言して休むのも気が引ける。もちろん、腹のくくり方しだいであることはわかっている。

初任地の群馬県にいたころ、山間部に行く取材はポケットベルの圏外になるから、デスクに伝えておいて、ポケベルが鳴って公衆電話を探し回る必要がない一日を過ごすことができた。無線機を持って行ったこともあるが、山間部では無線も通じにくい場所が少なくない。「今日は尾瀬に取材に行きます。連絡とれません」と伝えて出かけたときは、首輪をはずされた犬のように、しばしの開放感が味わえた。

そうだ、「圏外」を探そう。

年末年始の休暇中に実行しようと、これまたネットで検索すると、「圏外の宿」がいくつか見つかった。でも、なかなか遠い。

次に、NTTドコモのサイトでサービスエリアの地図と照らし合わせて、圏外の宿を探そうと考えた。あまり遠くに行くのも大変なので、関西圏内で探す。目をつけたのは、京都府山間部の美山。茅葺きの民宿がたくさんある。圏外であるか微妙な位置。仮に圏内でも、泊まる宿の場所を伝え「通じないかもしれません」とスマホのスイッチを切ってしまえばいい。

ところが、いくつかの宿を調べると、しっかりとWi-Fiマークがついている。ついていなくても、一人では泊まれないか、年末年始が休みだった。

さらに範囲を広げて調べると、熊野古道に近い奈良県の山中に良さそうな温泉宿を見つけた。たぶん圏外か、会社への連絡で「圏外です」と言えば通用しそうな場所。しかも、宿泊代も手頃だ。ただ、自動車を運転していかないと行き着くには大変そうだ。

電話してみると、付近には電車の駅もバスの路線もなく、公共交通機関で行くのは難しいという説明だった。送迎があるか訪ねたら、最寄り駅からはあるものの、かなり遠いので、予約時に申し込みが必要だという。最寄り駅といっても小一時間かかりそうな距離。もし、自分ひとりのために送迎することにでもなったら、相当に気まずそうで、デジタルデトックスしたとしても、そちらの気遣いで疲れそうだと思ってやめた。ちなみに、館内ではWi-Fiが使える宿だった。

結局、スマホが圏外となるような山奥に公共交通機関を使って行くのは難しそうだということがわかった。しかも、圏外であっても電話線は通じており、よほどの山中でも宿泊施設内でWi-Fiは使えるようだ。

山間部のキャンプ場や山小屋に行けばいいのかもしれないが、冬に決行する装備も覚悟もない。ネット環境が不便な場所を探すのが、これほど難しいとは思わなかった。そういえば、長野県の山中にある実家でも、しばらく前まで携帯がつながりにくいことがあったが、裏山にNTTドコモが基地局を設置して以降、アンテナ三本が立つようになっていた。

日本ではどこの地域でも、普通に行き来する場所に「圏外」はなくなっているのだろう。

一日半ネットから離れてみた

結局、圏外の宿に行くのは断念した。あとは、気持ちのもちようだ。

長期休暇中なら、数日間はメールを見ないと宣言しても、さほど差し支えはないだろう。パソコンもスマホも自宅に置いて、どこかに泊まり、以前のように宿泊先の電話番号を伝えておけばいい。ある程度大きな宿泊施設なら夜中でも電話を取り次いでくれるだろうから、何かあっても連絡は取れる。

そこで、琵琶湖北部の宿を予約した。ただ、スマホを持って行かないのはどうしても気が引ける。腹をくくれていないと思いつつも、休暇連絡のメールに「デジタルデトックスするのでメールは見ません」と宣言しながら、急な用件があったら、宿泊先かスマホに「電話」をするように書き込んで、社内の関係者に送った。さらに、一日ひとつは発信しているツイッターを数本書いて、タイマー設定。「便利」な道具を使うというのはおかしいと思ったが、安心してネットから離れるためだと自分を納得させた。

さあ「デジタルデトックス体験」と勇んで出かけ、一日半ネットから完全に離れてみたけれど、特別に困ったこともなく、ネットにアクセスしたくなることもなかった。宿に滞在中は、急用が発生したら電話がくるという安心感もあって、メールをチェックしたくなることもなかった。帰宅してパソコンを開き、メールをチェックしてみたら三五件届いていたが、急いで返信が必要なメールは一件もなかった。

この一日半、困らなかった一方で、特別な新しい「発見」もなかった。すでに日常で、スマホを使うのを極力減らしているからかもしれない。

では、デジタルデトックス体験者は、どんな気持ちになり、何を発見したのだろうか。新聞や雑誌、本、ネットで見つけた体験記を読み直すと、こんな記載があった。

・デジタルデトックスをしていることを伝えていない人からの連絡が気になった
・美味しいものを食べてSNSに投稿したくなった
・いつもはスマホを見ている寝床で手持ちぶさただった
・自然を体験していると清々しい気持ち

・自然と人とのつながりを感じた
・穏やかな気持ちになった
・考えてものを見ることができた
・周辺の人との会話をおろそかにしていることがわかった
・体験が写真ではなく心に焼き付いた
・ネットとのつきあいを見直す機会になった

納得できる感想だけれど、デジタルデトックスによる効果ばかりではなさそうだ。セットになった旅行や非日常的な体験による開放感も、含まれているように思えた。スマホをカバンに入れていても、座禅や森林浴をすれば新鮮な気分になるだろう。

あまり非日常化せずに、日常のなかでデジタルデトックスしたほうが、その効果だけを見極められるかもしれない。川上さんに教えてもらった、コインロッカーを使ったネット断ちを自宅でできる製品がある。「タイムロッキングコンテナ」。タイマー付きのふたがついた透明なケースだ。スマホでもお菓子でも、断ちたいものを入れて、設定した時間まで開けられないようにタイマーをセットするだけだ。値段は一万円前後と高いが、コストをかけたほうがやる気になるということもあるだろう。

ただ、疑問も浮かんできた。

ネットから離れた一日半、写真も一枚も撮らなかったから、気になったことはメモをとった。

野外を歩きながら手帳にペンで書くのは久しぶりの体験。小学生のころの社会科見学で、栞のメモ欄に書き付けていたことを思い出した。たいした内容でなくても、メモのほうが写真より強く印象に残るとも思える。もっとも、手帳に書かれたメモには、なぜこんなメモをしたのだろうというつまらない書き込みもあった。

そんなメモを見返していて、無理やり何かを見つけ出したり、思いついたりして、デジタルデトックス体験から「収穫」を得る必要はなかったと思い直した。無理して何かに役に立たなければいけないと考えて過ごすと、目先ですぐに役に立つことを思いつく可能性はあるが、結局は小粒な結果しか得られないのではないか。

近年、ノーベル賞を受賞した科学者たちが口をそろえて、すぐに社会に役立つ成果が出る応用研究ではなく、何に役立つかわからないけれど興味と関心のままに取り組む基礎研究が重要で、それがなければ大きな発見はできないと力説している。デジタルデトックス体験だからこそ、すぐに成果を求めようと考える必要はない。デジタルから離れて楽しめることに、興味の向くまま満喫すればいいのだ。

「タイムロッキングコンテナ」にパソコンは入らないが、代替となりそうなタイマー付きの南京錠を見つけた(第5章扉写真参照)。タイマーをセットしてカギを閉めれば、その時間になるまで開かない。最長九九時間の設定。四日間いける。これを使えば、手近でデジタルデトックスできそうだ。これで何か見つかるか。長期休暇に試してみよう。

あとがき

できる範囲で、身の丈に合った「便利すぎる生活」からの脱却体験をしたためました。この生活をずっと続けるのかは、わかりません。勤め人でなくなったら、スマホを持たない生活をしてみたいと思いますが、コンビニは年をとって買い物が不自由になったときに、またお世話になるかもしれません。でも、コンビニ断ちも脱スマホも、可能なかぎり続けるつもりです。

ただし、ちょっと気にかかることがあります。これだけ多くの人びとが利用するコンビニにまったく足を踏み入れないのでは、世間の常識と離れてしまったり、社会の動きを見逃したりすることにならないか。それは、ジャーナリストとしていかがなものなのかとも考えます。せめて、コンビニの店頭に貼られたポスターぐらいは眺めて、雰囲気だけでも知っておこうかと思っています。

この本を書き終えたころ、住んでいるマンションの火災保険の更新案内が届きました。次の保険料の払い込み窓口は、コンビニしか書かれていません。郵便局も銀行の窓口も、ネット経由の振り込み、クレジットカードも使えず、各コンビニチェーンのお店に出向く以外の選択肢がないのです。そういう時代なのでしょうか。支払い期限は三月末。さて、どうするか。

この本を書く機会をくださったコモンズ代表の大江正章さんに感謝します。

二〇二〇年三月　新型コロナウイルスで観光客が減った京都で

黒沢 大陸

【著者紹介】

黒沢大陸（くろさわ・たいりく）
朝日新聞大阪本社編集局長補佐、書評委員。
1963年長野県生まれ。
証券系シンクタンクを経て、1991年に朝日新聞社入社。
科学部や社会部で国内外の災害現場などを取材。
オピニオン編集部デスク、編集委員（災害担当）、科学医療部長などを経て現職。
主著『「地震予知」の幻想』（新潮社、2014年）。

コンビニ断ち 脱スマホ

二〇二〇年四月一五日　初版発行

著　者　黒沢大陸

発行者　大江正章
発行所　コモンズ
東京都新宿区西早稲田二―一六―一五―五〇三
ＴＥＬ〇三（六二六五）九六一七
ＦＡＸ〇三（六二六五）九六一八
振替　〇〇一一〇―五―四〇〇一二〇
info@commonsonline.co.jp
http://www.commonsonline.co.jp/

印刷・加藤文明社／製本・東京美術紙工
乱丁・落丁はお取り替えいたします。
ISBN 978-4-86187-165-8 C 0036